Alfons Nossol

Glück in der Liebe

Alfons Nossol

Glück in der Liebe

hg. von Krzysztof Zyzik
und Krzysztof Ogiolda

aus dem Polnischen übersetzt
von Winfried Lipscher

Wydawnictwo i Drukarnia
Św. Krzyża w Opolu

Umschlagbild: Erzbischof Alfons Nossol

2. Auflage 2014
ISBN 978-83-7342-425-8

Übersetzt nach der polnischen Ausgabe
"Arcybiskup Nossol. Miałem szczęście w miłości",

1. Deutsche Ausgabe: EOS Verlag Sankt Ottilien
mail@eos-verlag.de | www.eos-verlag.de
ISBN 978-3-8306-7434-4

Verlag:
Wydawnictwo i Drukarnia
Św. Krzyża w Opolu
www.drukujunas.eu

Vorwort

12. November 1989, ein Sonntag. Auf dem großen freien Platz vor dem zerfallenden Schloss der Familie von Moltke in Kreisau, wo sich auf Einladung von Helmut von Moltke und seiner Frau Freya während des Zweiten Weltkrieges der „Kreisauer Kreis“ getroffen hatte, hat man einen Altar errichtet. Es ist kalt – bitterkalt. Wir frieren und warten auf den Beginn der Sonntagsmesse. Wir sind kurz nach vier Uhr in Warschau aufgebrochen und eine lange, beschwerliche Autobusfahrt liegt hinter uns. Rechts vom Altar, der kurz zuvor neu ernannte, erste demokratisch gewählte polnische Ministerpräsident Tadeusz Mazowiecki, neben ihm Helmut Kohl, der deutsche Bundeskanzler. *„Selig, die Frieden stiften“*, steht in großen Lettern in deutscher und polnischer Sprache über dem Platz zu lesen. Fernsehstationen übertragen das Geschehen in Polen und nach Deutschland.

In der Präfation heißt es:

> *„Denn inmitten einer Menschheit, die gespalten und zerrissen ist, erfahren wir, dass Du, Gott, Bereitschaft zur Versöhnung schenkst. Dein Geist bewegt die Herzen, wenn Feinde wieder miteinander sprechen, Gegner sich die Hände reichen und Völker einen Weg zueinander suchen. Dein Werk ist es, wenn der Wille zum Frieden den Streit beendet, Verzeihung den Hass überwindet und Rache der Vergebung weicht.“*

Auf das lateinisch gesungene Vaterunser folgt der Friedensgruß „gebt einander ein Zeichen des Friedens und der Versöhnung.“ Mazowiecki und Kohl reichen sich die Hände, umarmen sich.

Drei Tage nachdem in Berlin die Mauer gefallen war, geht von Kreisau ein Zeichen der Versöhnung aus zwischen Deutschland und Polen, zwischen Ost und West. Ein Prozess beginnt, in dem ein neues Kapitel der deutsch-polnischen Beziehungen aufgeschlagen wird, das zur endgültigen Festschreibung der deutsch-polnischen Grenze, zum Beitritt Polens in die NATO und 15 Jahre später zur Mitgliedschaft Polens und der anderen ostmitteleuropäischen Staaten in der EU führen sollte.

Initiator des Gottesdienstes in Kreisau und Zelebrant der Messfeier ist Alfons Nossol, der Bischof von Oppeln. Jahrzehnte hat er auf dieses Ziel hingearbeitet. Der Versöhnung der Völker, von Katholiken und Protestanten, von Christen der unterschiedlichen Kulturen und von Minderheiten gilt sein ganzes Leben. Der Sonntag von Kreisau wird zu einem Höhepunkt seines Lebens.

Versöhnung ist das Thema seines Lebens. Vor allem die Versöhnung zwischen Polen und Deutschen. Schon 1980 hatte er dafür gesorgt, dass ein deutscher Bischof, Josef Stimpfle von Augsburg, die erste Predigt in deutscher Sprache nach dem Zweiten Weltkrieg auf dem Annaberg, dem heiligen Berg Schlesiens, hält. Er wusste, dass „die Heilung der Erinnerungen“ (Hans Maier) Zeit braucht und einen langen Dialog, um Vorurteile zu überwinden, sich verstehen zu lernen. Seine Predigt in Kreisau schloss er mit dem Satz: „Der Sieger in Streitigkeiten ist der, der sich als erster versöhnt.“

Dem polnischen Papst Johannes Paul II. und dem deutschen Papst Benedikt XVI. fühlt er sich besonders verbunden. Als Joseph Kardinal Ratzinger zum Papst gewählt wird, meint er, dass ein Deutscher einem Polen folge, das könne nicht das Konklave der Kardinäle allein zu Wege gebracht haben. Da müsse der heilige Geist selbst mit im Spiel gewesen sein.

Im August 1932 als Sohn einer bäuerlichen Familie in einem Dorf südlich von Oppeln geboren, wächst er im deutschsprachigen Oberschlesien auf und besucht eine deutsche Volksschule. Zuhause spricht man schlesisch und natürlich deutsch, versteht man aber auch polnisch und mährisch. Nach dem Zweiten Weltkrieg und nach seinem Abitur tritt er in das

Priesterseminar in Nysa (Neisse) ein und wird im Juni 1957 in Oppeln zum Priester geweiht. Er studiert und promoviert an der Katholischen Universität Lublin, mit der er sein ganzes Leben eng verbunden bleibt. Als Assistenzprofessor, als Professor für Dogmatik. Als Gastprofessor lehrt er unter anderem auch in Mainz. Dort, in Bamberg, Münster und später in Oppeln, verleiht man ihm die Ehrendoktorwürde. 1977 wird er Bischof von Oppeln – geweiht von Stefan Kardinal Wyszy ski – als letzter Bischof in Polen noch von Paul VI. ernannt. „*Veritatem facere in caritate*" – „*die Wahrheit in Liebe tun*", so lautet sein Wappenspruch.

22 Jahre später würdigt Johannes Paul II. sein Lebenswerk durch den persönlichen Ehrentitel eines Erzbischofs. Nach 32 Jahren – 2009 – nimmt Benedikt XVI. seinen Rücktritt an. Er zieht in eine kleine Wohnung in einem Flügel des Schlosses in Kamie l ski (Groß Stein), um dessen Renovierung er sich große Verdienste erworben hat. Über 25.000 Bücher begleiten ihn.

Dass Oppeln heute eine Universität besitzt, verdankt es seiner Hartnäckigkeit. Den Grundstein dafür legte eine theologische Fakultät als Filiale der Lubliner Universität. Durch den Zusammenschluss mit der Pädagogischen Hochschule ersteht dort 1994 die heutige Universität, seine Universität. Man muss ihn dort erlebt haben, um zu erfahren, wie sehr sie seine Universität ist.

Alfons Nossol wird zum Brückenbauer zwischen Deutschland und Polen, nicht *obwohl*, nein *weil* er Schlesier ist und das furchtbare Leid, das als Folge des von Hitler entfachten Zweiten Weltkrieges und der schrecklichen Verbrechen der Nationalsozialisten über seine Heimat gekommen ist, am eigenen Leib erfahren hat.

Die schmale, lebendige Gestalt des Alfons Nossol mit den hellwachen, immer strahlenden Augen, passt zu diesem Mann von größter Bescheidenheit, liebenswert und sympathisch, ohne Allüren, der auf die Menschen zugeht und ihnen zuhören kann, der die Menschen liebt. Einer der klügsten und menschenfreundlichsten unter allen Bischöfen, denen ich begegnen durfte. Man fragt sich, wie wenig Stunden am Tag er die Arbeit ruhen lässt. Er hat jahrzehntelang seine Diözese geleitet, gepredigt, Zeit für seine Herde gefunden, hat Seminare und Vorlesungen gehalten, Bücher und ungezählte Aufsätze verfasst und ist viel gereist. Nach Rom und nach Deutschland vor allem, aber darüber hinaus in alle Himmelsrichtungen der Weltkirche. Er war und ist ein treuer Arbeiter im Weinberg des Herrn.

Seit Jahrzehnten ist Erzbischof Nossol ein Freund der Konrad-Adenauer-Stiftung. Er hat ganz entscheidend dazu beigetragen, dass sie schon sehr früh enge und vertrauensvolle Verbindungen nach Polen knüpfen konnte. Zusammen mit dem damaligen Stiftungsvorsitzenden, Bruno Heck, hat er die Grundlagen unserer Zusammenarbeit gelegt. Im Februar 1985 fand in Sankt Augustin bei Bonn die erste deutsch-polnische Konferenz der Stiftung statt. Ein Jahr später folgte die zweite an der Universität Lublin.

Als wir 1989 – am 10. November, am Tag nach dem Fall der Mauer – in Warschau unsere erste Außenstelle jenseits des Eisernen Vorhangs eröffnet haben, war er dabei und auch als wir im vergangenen Jahr ihr 20-jähriges Bestehen feiern durften. Unzählige Male hat er in Polen und in Deutschland unsere Veranstaltungen durch seine Beiträge bereichert. Die Stiftung ist ihm in großer Dankbarkeit verbunden.

Im Dezember des letzten Jahres verlieh der deutsche Bundespräsident dem zu Recht vielfach Ausgezeichneten das Große Bundesverdienstkreuz mit Stern. Horst Köhler zitiert in seiner Laudatio Nossols schlesischen Landsmann Josef von Eichendorff: „Wo ein Begeisterter steht, ist der Gipfel der Welt." Und fügt hinzu: „Schlesien verfügt seit vielen Jahren über einen solchen Gipfel."

Krzysztof Zyzik und Krzysztof Ogiolda haben mit Erzbischof Nossol lange, ausführliche Gespräche geführt. Aus ihnen ist dieses Interviewbuch entstanden. Winfried Lipscher hat es ins Deutsche übersetzt, der EOS Klosterverlag Sankt Ottilien verlegt. Ihnen gebührt Dank und Anerkennung. Durch dieses Buch erschließt sich dem Leser das Leben und Wirken dieses

Begeisterten, der von sich selbst sagt: Ich hatte „Glück in der Liebe."

Alfons Nossol hat es verdient, dass man sein Leben zur Kenntnis nimmt. Der Leser hat es verdient, Nossols Leben kennen zu lernen. Ich wünsche diesem Buch viele Leser.

Bernhard Vogel

Inhaltsverzeichnis

Jugendzeit und Elternhaus

„Wenn du willst, dass dein Alter sich aus Weisheit nähre, sorge dafür, so lange du jung bist, dass es in deinem Alter nicht an Nahrung fehle.“

Leonardo da Vinci

❍ *Was ist Ihnen aus der Zeit Ihrer Kindheit über Ihr Elternhaus in Erinnerung geblieben?*

Selbstverständlich zunächst Vater und Mutter, sodann die Erinnerung an die Schwestern und Brüder, denn wir waren zu Hause acht Geschwister. Ich wurde als fünftes Kind geboren. Damit wir alle bei den Mahlzeiten gemeinsam am Tisch sitzen konnten, ließ mein Vater beim Tischler einen großen Tisch nach Maß arbeiteten. Um diesen Tisch versammelte sich die Familie. Als Kind habe ich unter dem Tisch die Schuhe von Eltern und Geschwistern aufgereiht, weil ich über eine lange Zeit für das Schuheputzen im Hause verantwortlich war. Zuerst standen da die Schuhe der Mutter, am Schluss die des jüngsten Bruders. Wer welche Schuhe anzog, darum musste ich mir keine Sorgen machen, denn jeder besaß nur ein Paar. Die Schuhe wurden immer samstags geputzt, denn am Sonntag durfte ja nicht gearbeitet werden, mein Vater nahm das sehr genau. Manchmal sah er sogar nach, ob die Schuhe gründlich geputzt waren. Nachlässigkeiten ließ er nicht durchgehen. Wenn am einen der Schuhe noch Schmutz hing, musste ich damit auf die Treppe gehen und nachbessern, schließlich ging man ja in diesen Schuhen am Sonntag zur Kirche.

❍ *Musstet Ihr also von klein auf im Haushalt helfen?*

Natürlich. In unserer Familie war die Hausarbeit genau aufgeteilt, jeder wusste, was er zu tun hatte. Der eine holte Kohlen und Holz, ein anderer musste jeden Samstag den Hof und die halbe Straßenseite fegen. Und das musste ordentlich gemacht werden. Wenn ich zum Straßefegen dran war, passte ich genau auf, damit ich auch ja nicht einen Zentimeter über die Hälfte kam. Die andere Hälfte hatte ja der Nachbar von gegenüber zu fegen. Manchmal, wenn ich zu müde war, betete ich um Regen, denn dann wurde nicht gefegt. In den Jahren, da ich noch zu Hause war, habe ich alle Hausarbeiten durchgemacht. Mit meiner Mutter musste ich zum Beispiel Gras für die Kaninchen oder auch Holz aus dem Wald holen.

❍ *Habt Ihr nie protestiert?*

Dass die Kinder damals den Eltern halfen, war etwas Selbstverständliches. Wenn die Eltern uns gewisse Aufgaben übertrugen, dann empfanden wir das als einen Vertrauensbeweis. Es wäre uns nie in den Sinn gekommen, uns dagegen aufzulehnen.

❍ *Welche Feierlichkeiten sind Ihnen von zu Hause in Erinnerung geblieben?*

Man feierte Geburtstage. Nicht nur die der Eltern, sondern auch aller Kinder. Selbst wenn es mit dem Essen zu Hause nicht immer gut stand, so backte die Mutter zum Geburtstag doch immer einen Napfkuchen. Aus einem solchen Anlass durften wir Freunde und Freundinnen einladen. Jeder bekam zwar nur ein ganz dünnes Stück Kuchen, denn man musste alles teilen, aber die Freude war groß. In einen großen Topf Malzkaffee tat meine Mutter einige Bohnen vom richtigen Kaffe hinein, damit es besser duftete. Ich habe bis heute diesen herrlichen Duft in Erinnerung. Dem Geburtstagskind wurde viel Aufmerksamkeit geschenkt. Alle, ob alt ob jung, sagten ihre Glückwünsche. Die Gratulationen der ganz Kleinen, die ihre Gedanken noch nicht richtig formulieren konnten, waren die interessantesten oder reizten am meisten zum Lachen.

❍ *Was gab es an Geschenken?*

Große Geschenke gab es nicht. Gewöhnlich bekamen wir das, was wir ohnehin brauchten. Neue Schuhe, ein Hemd. Und die Eltern achteten darauf, dass diese Sachen zunächst in die Kirche angezogen wurden. Erst danach durfte man darin überall hingehen. Und aus der Kirche kam man am Sonntag zunächst nach Hause, um den Segen aus der heiligen Messe mitzubringen. Unterwegs durften wir nicht zu Freunden oder auf den Sportplatz gehen. Erst als die Oma krank war, besuchten wir sie direkt nach der Messe. Das war aber eine absolute Ausnahme, die nur für die Oma gemacht wurde. Eigentlich hat uns die Oma erzogen. Und der Vater arbeitete ja weit weg von zu Hause.

❍ *So ähnlich wie auch heutzutage viele Oppelner Väter ...*

Es gab keine andere Wahl. Zwar drohte uns keine Arbeitslosigkeit, aber die Eltern hatten ein Darlehen für den Hausbau abzuzahlen. Mein Vater verdiente in Hamburg doppelt so viel wie in Schlesien. Später arbeitete er in der Kohlengrube in Beuthen, nach Broschütz kam er nur einmal in der Woche, und dann brachte er für jedes Kind eine Kleinigkeit mit. Wir freuten uns immer sehr darüber. Unser Vater erzählte uns auch gerne viele Geschichten. Vor allem über unsere Region. Die Heimatgeschichte wurde damals sehr geschätzt – schade, dass es heute nicht mehr so ist.

❍ *Wurde sie in der Schule gelehrt?*

Ja, wir hatten wöchentlich drei Stunden Heimatkunde. Und unser Vater konnte sogar die Geschichten einzelner Familien aus unserem Dorf erzählen. Er erklärte uns, woher die Spitznamen der Leute kamen, denn fast jeder hatte einen Spitznamen. Das alles hat uns mit der Heimat und ihren Reizen sehr verbunden.

Hinzu kam, dass wir keine Probleme mit der Kohle hatten. Da mein Vater in der Grube arbeitete, bekam er jährlich fünf Tonnen zugewiesen. Das reichte für uns völlig aus, wir konnten davon sogar der Oma abgeben. Als der Krieg vorbei war, haben wir viel Kohle an andere Leute verteilt, vor allem an Lehrer. Das Darlehen für das Haus haben meine Eltern sehr schnell abgezahlt, Weihnachten 1944 waren wir schuldenfrei. Später tat dies meinem Vater etwas leid, denn die Eltern haben sich abgerackert und beeilt, und nach dem Krieg waren alle Kredite verfallen.

❍ *Haben Sie gespürt, dass Ihre Eltern Sie lieben?*

Gewiss, doch in einem schlesischen Haus wie dem unseren zeigte man nicht gerne seine Gefühle. Aber wenn man der Mutter eine Freude machte, sie irgendwie positiv überraschte, dann konnte sie einen schon umarmen, streicheln und über ihre Freude sprechen, lächeln. Diese ihre Freude hatte eine große Bedeutung für die ganze Familie. Dann schien die Sonne stärker und wärmer und alle merkten das. Solche Gefühle der Dankbarkeit gab es immer bei uns zu Hause. Neid unter uns Kindern war unbekannt, und ein jeder von uns hatte die Möglichkeit, sich ein Lob der Eltern zu verdienen.

❍ *War die Familie Nossol religiöser als andere Familien in Broschütz?*

Das glaube ich nicht. Das einzige, wodurch wir auffielen, war die Tatsache, dass wir sechs Brüder Messdiener waren. Bei der Kolende (dem jährlichen Hausbesuch des Priesters) versicherte sich der Pfarrer nur, dass der nächste nach Erreichung des entsprechenden Alters auch zum Messedienen kam. Der Glaube war in unserer Familie so eine Art Klammer, die uns zusammen hielt. Der Glaube war Kompass und Leuchte, der dem gesamten Familienleben einen Sinn gab. Meine Eltern lebten ihren Glauben auf eine Weise, dass er für mich von Anfang an als Freude erlebt wurde.

Im Jahre 1945, alljährlicher pastoraler Hausbesuch in der Weihnachtszeit. Rechts der 13-jährige Messdiener Alfons Nossol.

❍ *Wer hat Ihnen die ersten Gebete beigebracht?*

Die Gebete verrichtete ich so, wie es meine älteren Geschwister taten, ich ahmte sie nach. Die ersten Gebete waren kurz und einfach. Vater und Mutter legten großen Wert darauf, dass wir unsere Gebete auch verstanden, damit es nicht ein mechanisches Aufsagen war. Sie wollten, dass wir uns überlegten, was wir Gott zu sagen hatten. Sie brachten uns den Dialog mit Gott bei, doch sie taten dies instinktiv und hätten das selbst nicht so genannt. Nachdrücklich verlangten sie von uns, dass wir außer den formelhaften Gebeten Gott auch persönliche Fragen stellten. Ich denke, dass dies viele christlichen Eltern heute ähnlich machen. Einer der Oppelner Ärzte, der eine große Familie hat, erzählte mir, dass er und seine Frau ihren kleinen Sohn dazu anhalten, beim Abendgebet mit Gott zu sprechen, ganz locker, in seiner eigenen Sprache. Eines Abends kniete der Junge im Bewusstsein seines eigenen Dickkopfs zum Abendgebet nieder und sprach in Richtung des Kruzifix: „Lieber Gott, ich bitte dich um einen anderen Schutzengel, denn meiner wird mit mir nicht mehr fertig." Das ist ein echtes Gebet ...

❍ *Haben Sie zu Hause gemeinsam gebetet?*

Gemeinsam wurde nur an Festtagen und Sonntagen gebetet. An Werktagen betete jeder für sich allein. Wir Kinder ahmten dabei die Erwachsenen nach, die morgens und abends beteten. Sie knieten sich vor das Bett, und über dem Bett hing immer ein Kreuz. Es war von jeder Stelle des Zimmers zu sehen. Und daher war das Beten für uns etwas ganz Selbstverständliches, etwas, worüber man nicht diskutierte. Das Gebet gehörte absolut dazu, ohne Gebet konnte der Tag weder begonnen, noch abgeschlossen werden. Mutter sagte manchmal zu mir: Schau, es gelingt nicht jeder Tag, aber wenn du morgens gebetet und um den Segen für den Tag gebeten hast, dann kommt etwas Gutes dabei heraus. Auch wenn aus unserer Sicht der Tag nicht gut war, nicht glücklich, so haben wir vielleicht doch etwas Gutes getan, das nur Gott kennt. Deshalb sollten wir nicht verzweifeln. Es ist nämlich wichtig, dass wir uns nicht nur von unseren eigenen rationalen Lösungen leiten lassen, sondern auch daran denken, dass der Himmel über uns die ganze Zeit offen ist. Bis auf den heutigen Tag knie ich morgens vor meinem Bett nieder und bete dreimal: „Komm, Heiliger Geist", damit ich den Tag über immer mit dem Geist Gottes Kontakt habe, vor allem in der Seelsorge, bei meinen bischöflichen Pflichten.

❍ *Wie wurde Ihre Mutter mit der Erziehung von acht Kindern fertig, wenn der Vater weg war?*

Diese Erziehung beruhte auf Gegenseitigkeit. Die Eltern übten mit den älteren Geschwistern die Prinzipien ein, die sie dann an uns Jüngere weitergaben. So ähnlich war es mit dem, was wir in der Schule lernten, und so war es auch mit dem Religionsunterricht. Die älteren Brüder vermittelten uns das Wissen mit großem Ernst und Eifer. Hier ging es nicht nur um reine Theorie, denn alles Gelernte ging durch den Filter ihrer Erfahrung, und das war überzeugend. Recht schnell stellten wir fest, dass sich bei kinderreichen Familien wie der unsrigen auch Kinder aus der Nachbarschaft einfanden. Denn bei uns war immer etwas los. Die Älteren brachten den Jüngeren Spiele bei und ließen sie mitspielen. Es gab damals nicht viel Spielzeug, aber die Freude war immer groß. Oft hatten wir angeschlagene Knie, wenn wir auf Bäume gestiegen waren. Wir wohnten am Rande des Dorfes. Ringsum waren Felder, also viel Platz zum Laufen. Wir machten Spiele und beobachteten die Erwachsenen. Unsere Eltern achteten darauf, dass wir dort, wo dies möglich war, anderen halfen.

❍ *Und wie sah diese Hilfe aus?*

Als ich das Gymnasium besuchte, mähte ich Roggen. Bei uns ging das schnell, denn wir hatten nur einen Morgen Land, das sind 25 Ar. Aber der Nachbar hatte mehr zu mähen. Ich erinnere mich, dass ich einmal mit meiner Schwester dort beim Mähen von Weizen half, als dunkle Gewitterwolken aufzogen. Ich mähte zügig und meine Schwester band das Korn zu Garben, so dass wir vor dem Regen fertig waren. Wir stellen die Garben zu Hocken auf – zu Hause sagten wir Mondeliki – und da fing es an, fürchterlich zu gießen und zu blitzen. Also liefen wir beide zu einer großen Hocke um Schutz zu suchen. Als wir vielleicht zwei Meter von diesem Mondelik entfernt waren, da fuhr der Blitz hinein. Wenn wir damals zwei Schritte weiter gewesen wären, wäre es um uns geschehen gewesen.

❍ *Auf welche Weise haben die Eltern die Kinder bestraft? Gab es Hiebe?*

Mein Vater hat uns überhaupt nicht bestraft, nur er redete plötzlich nicht mehr mit uns, er war traurig. Dann wussten wir, dass etwas nicht in Ordnung war. Meine Mutter war impulsiver, sie reagierte sofort, aber nicht so, dass etwas passiert wäre. Am Türrahmen zur Küche hing ein ziemlich breiter Riemen. Mein älterer Bruder bekam damit manchmal Prügel von der Mutter, wenn er abends zu spät nach Hause kam. Man musste nämlich beim letzten Geläut um 19.00 Uhr zum Engel des Herrn zu Hause sein. Wenn Gerhard beim Fußballspiel alles um sich herum vergaß und erheblich zu spät kam, reichte er schon von selbst der Mutter den Riemen. Sie bemühte sich dann, nicht so fest zuzuschlagen, aber Strafe musste sein. Unser Kaplan, Alfons Koska – der mich getauft hat und nach dem ich genannt wurde – hätte einmal um ein Haar für meinen Bruder Schläge bekommen. Er besuchte uns abends, und meine Mutter dachte, es komme mein Bruder wieder zu spät nach Hause, sie ging ihm mit dem Riemen in der Hand schon entgegen, um die Tür zu öffnen. Es war das einzige Mal, dass Gerhard keine Haue bekam, weil sich der Kaplan für ihn eingesetzt hat. Bei acht Kindern musste alles seine Ordnung haben und gelegentlich auch streng zugehen. Wir akzeptierten das. Wenn es ganz schlimm kam, beklagte sich meine Mutter beim Vater.

❍ *Und wie reagierte der Vater auf diese Klagen?*

Sehr vernünftig und ausgewogen. Zunächst redete er mit uns, erklärte, dass unsere Mutter uns doch alltäglich alleine erziehen müsse, dass sie übermüdet sei und wir ihr helfen sollten, statt etwas anzustellen. Er bemühte sich, uns Kinder zu überzeugen. Der Vater war ja so etwas wie ein Gast zu Hause, und wir warteten sehnsüchtig auf ihn, so dass allein schon seine Traurigkeit und das ernste Gespräch für uns eine riesige Strafe war.

❍ *In welcher Sprache wurde zu Hause gesprochen?*

Dialekt, obwohl mein Vater auch die polnische Hochsprache beherrschte. Dagegen verstanden die jüngeren Geschwister, die in der Nazizeit geboren waren, fast überhaupt nicht mehr Dialekt. Wir Älteren mussten in der Schule wegen des Dialekts vorsichtig sein. Wenn ein Lehrer uns dabei ertappte, dass wir uns im Dialekt unterhielten, bestellte er den Vater ein und warnte, dass das Landratsamt das Kindergeld streichen würde. Wer Dialekt sprach, der redete in den Augen der Lehrer schon Polnisch.

So etwas galt als propolnisch. Nach dem Kriege war es umgekehrt. Mein jüngster Bruder verstand als einziger aus unserer Familie überhaupt nicht Polnisch. Wir hatten Angst, ihn auf die Straße zu lassen, denn wegen der deutschen Sprache liefen wir Gefahr, dass man uns unser ziemlich neues Haus wegnahm und Umsiedlern aus dem Osten zuwies. Wir wussten sogar, dass eine Familie aus dem Osten ein Auge darauf hatte. Daher sagte meine Mutter immer, wir sollten aufpassen. Und ich wusste, dass unser Kleinster ganz gerne auf die Straße lief, wo er dann auf Deutsch herumschrie. Einmal musste ich mit ihm alleine zu Hause bleiben, und meine Mutter hatte mir gesagt, ich sollte etwas im Laden kaufen. Um sicher zu gehen, dass der Kleine nicht wegläuft, habe ich ihn mit einem Seil am Tischbein fest angebunden. Als ich zurückkam, hat er sehr geweint. Er schrie, dass er mir das nie vergessen würde, weil ich ihn wie einen Hund angebunden hatte. Aber ich hatte ja keine Wahl.

❍ *Waren alle Erwachsenen in Ihrer Familie zweisprachig?*

Ich will mit einem Beispiel antworten. Unsere kleine Kinderschar versammelte sich oft bei unserer Uroma. Sie besaß eine schöne, mit Stichen illustrierte Bibel. Sie las uns auf Deutsch biblische Geschichten vor, und setzte diese sofort für unseren Kinderverstand um, indem sie theologische Begriffe durch für uns verständliche Worte ersetzte, damit wir alles verstanden. Viel später, als mir die Uroma erlaubte, die Illustrationen in der Bibel näher anzusehen, stellte ich mit Erstaunen fest, dass die Bibel auf Polnisch war, und die Uroma sozusagen „life“ ins Deutsche übersetzte, damit alle Kinder verstanden.

❍ *Herr Erzbischof, welches ist für Sie die Sprache des Herzens?*

Wenn ich die „schlesische“ Definition des Begriffs Sprache des Herzens nehme, dann ist es für mich das Deutsche, denn in dieser Sprache habe ich beten und rechnen gelernt. Meine

Mutter hat ihr Leben lang polnisch gebeichtet, das heißt im schlesischen Dialekt. Aber mit Rücksicht auf uns Kinder wurde zu Hause deutsch gebetet. Natürlich beichte ich selbst in Polen auf Polnisch, um keinen Anstoß zu erregen, aber wenn ich im Ausland bin, z.B. in Rom, beichte ich in deutscher Sprache. Ich erinnere mich, dass man nach dem Kriege von uns verlangte, nur polnisch zu beichten. Ich habe schrecklich gestottert. Bis ich auf einen Priester aus Lemberg traf, der selbst Deutschlehrer war. Und er fragte mich, in welcher Sprache ich beichten möchte. Er erlaubte mir, meine Sünden in deutscher Sprache zu bekennen. Von da an ging ich immer zu ihm. Nach der Beichte lud er mich häufig zu sich nach Hause ein, und da redeten wir die ganze Zeit deutsch. Wir hatten beide Freude daran. Das einzige, was mich an ihm störte, war der Rauch in seinem Zimmer. Der Priester war nämlich ein starker Raucher ...

❍ *Ihre Kindheit fiel in die Nazizeit. Wie sahen Ihre ersten Berührungspunkte mit dem Faschismus aus?*

Aus der Vorkriegszeit habe ich kaum Erinnerungen, denn ich war bei Kriegsausbruch erst sieben Jahre alt. Aber ich erinnere mich noch gut daran, dass nach der „Reichskristallnacht" 1938 bei uns Juden die Straße von Broschütz nach Krappitz bauten, die sogenannte Betonstraße. Die Propaganda wollte uns davon überzeugen, dass dies ein Geschenk Hitlers sei, aber in Wirklichkeit wurde die Straße von den Juden gebaut. Sie wurden von drei älteren, grauhaarigen Soldaten beaufsichtigt. Die Juden liefen nicht weg, wohin hätten sie auch gehen sollen? Jemand im Dorf erzählte, sie seien hungrig und hätten um Brot gebeten. So fragte ich meine Mutter, ob ich ihnen einen Kanten Brot mit Butter bringen könnte. Sie war einverstanden, sagte aber, ich solle aufpassen. „Du musst dich mit dem Gesicht zum Wachmann hinstellen – sagte sie – und ihn ablenken. Wenn du dass schaffst, lässt du das Brot hinter dich fallen."

❍ *Ging das?*

Als ich da so mit dem Brot stand, flüsterte mir einer der älteren Juden auf Deutsch zu: „Wirf es hier in den Sand.“ Der Wachmann hörte das nicht, oder er wollte es nicht hören. Als ich sah, wie gierig dieser Mensch das Brot aß, das ja mit Sand beschmutzt war, begriff ich, wie groß sein Hunger sein musste. Ich erzählte das zu Hause. Und ich erinnere mich noch daran, dass meine Schwester Elfriede, der man die Nazipropaganda schon in der Schule eingetrichtert hatte, voller Empörung sagte: „Aber das sind doch Juden. Wusstest du das nicht?“ Unsere Mutter sagte darauf zu ihr: „Du darfst nicht so reden, denkst du, ein Jude spürt keinen Hunger?“ Dann gab sie auch ihr zwei Stücke Brot und wir brachten es gemeinsam hin. Von da an haben wir ihnen immer etwas zu Essen gebracht; als die Butter knapp wurde, mischte meine Mutter Margarine dazu.

❍ *Hatte Mutter keine Angst um euch?*

Als wir das Brot hintrugen, hatte sie natürlich große Angst um uns, aber sie dachte auch an die älteren Brüder irgendwo an der Front. Und sie sagte, die seien vielleicht auch hungrig und jemand gebe ihnen etwas zu Essen, wenn auch wir den Hungrigen das Brot nicht verweigerten. Mutter war davon überzeugt, dass Gott unsere gute Tat in eine andere gute Tat verwandelt. Sie konnte nicht auswendig aus dem Evangelium zitieren, aber sie trug es in ihrem Herzen.

❍ *Sie verstanden damals noch nicht, weshalb die Juden so schlecht behandelt wurden?*

Nein. Ich wunderte mich nur, dass die Juden so gut Deutsch konnten. Und ich fragte Mutter, weshalb sie Sklaven seien, wo sie doch so sprechen wie wir, nur noch besser. Es war für sie nicht einfach, einem Kind das zu erklären. Sie meinte, das Regime sei Schuld. Es wolle jeden vernichten, der eine eigene Meinung habe. Und sie sagte, wir müssten diesen Menschen helfen. Meine Mutter verstand nichts von Politik, sie wusste nicht, was Ethik ist. Doch ihre Hilfsbereitschaft ergab sich aus ihrem tiefen, praktischen Glauben. Ihre religiöse Haltung war auch für mich ein großer Halt. Ich war davon überzeugt, dass man seinen Glauben nicht nur bekennen, sondern ihn auch leben müsse. Mutter brachte uns bei, dass die Nationalität nicht wichtig sei, wichtiger sei der Mensch. Das hat mich für mein Leben geprägt. Manche Schlesier nahmen mir bald nach dem Kriege übel, dass ich mich mit Umsiedlern aus dem Osten anfreundete. Sie warfen mir sogar Verrat vor. Doch ich verstand diese Menschen aus dem Osten, weil sie in Grenzgebieten lebten. So wie auch wir.

❍ *Galt diese Offenheit gegenüber Juden oder überhaupt Fremden vor allem in ihrer Familie, oder war das in Broschütz üblich?*

Offenheit gegenüber anderen ist eine schlesische Charaktereigenschaft. Bei uns in Broschütz gab es drei polnische Familien aus den schlesischen Aufständen. Das Verhältnis unter uns war gut. Ich habe mit ihnen früher immer herzliche Gespräche geführt, und das blieb auch so, als ich in unser Dorf als Priester kam. Es hatte mich immer interessiert, was sie bewogen hatte, an diesen Aufständen teilzunehmen. Zu deutschen Zeiten, so sagten wir, wurden sie wegen ihrer Option für Polen nicht verfolgt. Niemand verachtete sie. Der beste Beweis dafür ist, dass sie nach dem Aufstand bei uns geblieben waren, obgleich sie nach Polen gehen konnten. Einer von ihnen war von Beruf Schmied, er war im Dorf ein geachteter Mann. Die Aufständischen betonten nicht auf Schritt und Tritt ihre polnische Einstellung, sie waren politisch nicht aktiv. Sie waren sie selbst, und wir haben ihnen wegen ihrer Nationalität nicht zugesetzt. Diese Aufrichtigkeit in unserem Dorf hat mir viel gegeben. Und wenn es Konflikte wegen der Nationalität gab, so schlichtete diese der Pfarrer, der mit den Leuten sprach, die sich dann wieder vertrugen.

❍ *Inwieweit spürte man das Klima der Nazipropaganda in der Schule?*

Ab dem 10. Lebensjahr mussten wir alle der Organisation „Deutsches Jungvolk“ angehören. Da wurden ganze Klassen ohne zu fragen eingeschrieben. Die Vierzehnjährigen mussten zur Hitlerjugend, das Verfahren war das gleiche.

❍ *Haben Sie selbst dem „Deutschen Jungvolk“ angehört?*

Ja, aber es wurde mir – Gott sei Dank - von Anfang an vermiest. Ich war nur bei zwei Versammlungen. In Ebersdorf – nur zwei Kilometer von Broschütz entfernt – gab es ein Kriegsgefangenenlager für abgeschossene britische und amerikanische Flieger. Ich war ein schmächtiger, kleiner Junge, also nahm mich der DJ-Leiter dazu, einen dieser Gefangenen zu spielen. Man brachte mich gefesselt ins Dorf. Meine Kameraden spielten ihre Rolle ganz gut, sie zerrten an mir herum und traten mich. Das war so ein Spektakel, um die Aggression gegenüber dem Feind anzuheizen. Ich fühlte mich schrecklich gedemütigt. Obgleich ich noch ein Kind war, verstand ich, dass dieses Regime etwas Widerwärtiges war. Ich bat meine Tante um Hilfe, die eine Landwirtschaft und vier Kinder hatte, ihr Mann war im Krieg. Die Tante stellte einen Antrag und bat, mich vom „Deutschen Jungvolk“ freizustellen, damit ich ihr auf dem Feld helfen konnte. Von da an musste ich nicht mehr zu den Treffen der DJ.

❍ *Den Freundinnen und Freunden trichterte man aber weiter den Hass ein. Mit welchem Erfolg?*

Dank der häuslichen Erziehung und dem Religionsunterricht haben sie zum Glück diese Propaganda nicht kritiklos hingenommen. Die Kameraden erzählten mir, wie eines Tages aus unserer Kreisstadt Neustadt (Prudnik) der DJ-Leiter in der Schule auftauchte und verlangte, das Kreuz von der Wand zu entfernen. Der erste der Schüler lehnte mit dem Argument ab, er sei so erzogen worden, dass man das Kreuz nicht antasten dürfe, danach lehnten alle andern ab. Schließlich musste der DJ-Leiter aus Broschütz, Alois Koczula, das Kreuz abhängen.

Der Kreisleiter schimpfte, dass er seine Leute nicht gut erziehe und drohte ihm Konsequenzen an.

Alois war ein prima Kerl, nur hatte er sich leider von den Faschisten einfangen lassen. Als er 17 Jahre alt war, meldete er sich freiwillig zur Wehrmacht und fiel beim ersten Angriff an der Ostfront. In Broschütz gab es keine begeisterten Nazis. Der Parteichef bei uns war z.B. gleichzeitig Schulleiter, Organist ... und Religionslehrer. Er eignete sich überhaupt nicht für die Naziideologie. Damit ihm niemand zum Vorwurf machte, er propagiere nicht den Faschismus, erinnerte er uns am Schluss einer jeden Stunde daran, wir sollten Altpapier, Schrott und Knochen sammeln, um damit zum Endsieg beizutragen.

❍ *Hat sich bei Ihnen jemand dem Faschismus widersetzt?*

Bei uns gab es weder eine große Unterstützung für den Faschismus noch einen deutlichen Widerstand gegen ihn. Ich erinnere mich, dass die Leute am 20. April 1944 zu Hitlers Geburtstag im Dorf nicht die Fahnen rausgehängt hatten, obgleich das Pflicht war. Der Schulleiter verkürzte den Unterricht um eine halbe Stunde und schickte die Schüler los, sie sollten die Dorfbewohner daran erinnern. Fast niemand hörte auf sie. Der Pfarrer schmiss sie sogar aus dem Pfarrhaus raus und nannte sie Idioten. Es war sehr schwer, das Dorf zu politisieren. Umso mehr, als ohnehin nur Frauen und Kinder übrig geblieben waren. Der Dorfvorsteher und andere Funktionsträger mussten natürlich der NSDAP angehören. Meinen Vater versuchten sie auch mit einem besseren Lohn, mehr Kindergeld und einer besseren Karriere zu locken, vergeblich.

❍ *Wie haben die Kinder in Broschütz den Abschied ihrer Väter, älteren Brüder und Freunde an die Front erlebt?*

In der Schule wurde gesagt, dass sei eine „Heldentat“. Aber das Leben hat dies sehr schnell widerlegt. Als erster aus unserem Dorf fiel Wilhelm Kowalski, dessen Vater bei uns Sparkassenleiter war. Wilhelm war bei den Fliegern. Sein Tod war für das Dorf ein schwerer Schlag. Ich erinnere mich noch, wie sehr Alois Tomala, unser älterer Kollege, weinte, der mit 18 Jahren in den Krieg musste. Alois hat wohl geahnt, was ihn erwarten konnte. Sein etwas älterer Nachbar war beim ersten Angriff umgekommen.

❍ *Der Krieg kam spät nach Broschütz, erst Ende 1944. Woran erinnern Sie sich aus dieser Zeit?*

Die ersten konkreten Erinnerungen betreffen die Bombardierungen der Orte Odertal, Heydebreck und Reigersfeld, wo aus Kohle synthetisches Benzin hergestellt wurde. Dort sind 1944 über 140 Personen umgekommen. Das ließ Böses ahnen, es war aber noch weit weg. Als das Militär hinter dem Pfarrhaus Kanonen aufstellte und Odertal, das auf der anderen Oderseite liegt, zu beschießen begann, bekamen wir große Angst. In größeren Häusern wurden Feldlazarette eingerichtet. In einem dieser Lazarette traf ich zwei Wehrmachtssoldaten – einen Österreicher und einen Tschechen. Sie baten mich um eine Landkarte, um feststellen zu können, wie weit sie es nach Hause hatten. Sie sagten, dass sie desertieren wollten. Mich hat das sehr gewundert, aber sie nickten nur mitleidsvoll mit dem Kopf und meinten, ich wüsste ja nicht, wie schlimm der Krieg sei. Vermutlich ist ihnen die Flucht gelungen, denn Montag früh, am 19. März 1945, als die Russen einmarschierten, waren „meine" Österreicher über alle Berge. Kurz bevor die Russen kamen, ist auch unser Pfarrer getürmt, zunächst nach Rasselwitz und von dort über Tschechien nach Bayern.

❍ *Welche Erinnerungen haben Sie an ihn?*

Er war ein ausgesprochener Wissenschaftler, ein Astronom und erklärter Nazigegner. Er hat unserer Familie geholfen, als die Nazis unseren Zunamen ändern wollten, weil er zu slawisch klang. Er konnte sie davon überzeugen, dass der Name Nossol „römische Wurzeln" hat, (Nos – sol!) - Er konnte gut den Katechismus unterrichten. Nicht nur, weil er ein ausgezeichneter Pädagoge war, sondern weil er so lebte, wie er unterrichtete. Als die Front näher kam, wollte er nicht weg. Zu den Soldaten sagte er, dass er als Pfarrer seine Gemeinde nicht im Stich lassen könne, mit der er schwierige Zeiten erlebt hatte. Schließlich ließ er sich überreden. Die Soldaten erklärten ihm, dass er nach dem Einmarsch der Sowjets sehr bedroht sein und nicht überleben werde, denn bei seinem Charakter würde er die Demütigungen nicht ertragen, die auf die schlesische Bevölkerung zukommen werden. Und sie sagten auch, russischen Soldaten sei erlaubt worden, auf unserer Seite der Oder alle möglichen Übergriffe zu vollbringen. Die Russen seien davon überzeugt, hier wohnten nur Deutsche, daher bräuchten sie keine moralischen Hemmungen zu haben. Diese wachsende Hysterie hat mich etwas verwundert, denn ich kannte die Russen auch von einer anderen Seite.

❍ *Von welcher?*

Mein Vater hatte in der „Beuthen-Grube“ eine Gruppe russischer Gefangener unter sich. Das war kurz nach der Zeit, als man die deutschen Bergleute an die Front geschickt hatte. Da die Russen ein sehr schlechtes Essen bekamen, hat ihnen meine Mutter Brot in zerlassener Margarine, mit Butter vermischt, zubereitet. Mein Vater kam einmal pro Woche nach Hause. Immer wenn er wieder wegfuhr, nahm er einen vollen Rucksack von diesem Brot mit. Als Gegenleistung fertigten die Russen für uns Holzspielzeug an: kleine Autos, Flugzeuge, Eisenbahnen, sogar Geschütze. Ich weiß noch, wie sehr sich meine Schwester wunderte, dass Russen so schöne Sachen machen konnten. Wir freuten uns über die Spielsachen und halfen der Mutter, damit sie dem Vater nur möglichst viel von diesem Brot mitgeben konnte. Und zu den Feiertagen machten wir für die Russen in der Grube in Beuthen irgendwelche Kleinigkeiten. Einer von ihnen konnte deutsch, also schenkte ich ihm ein Buch. Vater berichtete, dass die Russen sehr gut arbeiteten und er sich auf sie verlassen konnte. Das konnte ich mit der allgemeinen Angst der Erwachsenen vor den Russen nicht in Einklang bringen.

❍ *Waren die Kinder auf das Schreckliche vorbereitet, was sie in Kürze erleben mussten?*

Wir begriffen nicht viel davon. Im Dorf erzählte man, die Russen würden Frauen vergewaltigen, aber ich wusste nicht, was das ist. Ich traute mich auch nicht, meine Mutter danach zu fragen. Also zog ich ein Wörterbuch zu Rate, aber auch dort fand ich nichts, was passte. Im März 1945 tauchte plötzlich meine ältere Schwester zu Hause auf, die mit Freundinnen durch den Wald angeschlichen kam. Sie war als Kindergärtnerin irgendwo bei Görlitz zum Luftschutz eingezogen worden. Meine Mutter beauftragte mich, meine Schwester zu warnen, falls sich die Russen auf dem Hof blicken ließen. Immer wenn ich „Alarm" machte, verschwand meine Schwester durchs Fenster in den Garten und lief zur Scheune bei der Oma. Manchmal kam das mehrfach am Tage vor. Wenn die Russen weg waren, ging ich zur Scheune und pfiff; das war das Zeichen, dass sie zurückkommen konnte. Ich wusste aber damals nicht, weshalb sie vor jedem russischen Soldaten weglief, und warum Mutter so viel daran lag. Das begriff ich alles erst viel später.

❍ *Wie sah der Einmarsch der Sowjets in Broschütz aus?*

Sofort am ersten Tage, es war der 19. März 1945, erlebte ich einen der schmerzlichsten Tage meines Lebens. Noch heute kann ich darüber nicht ohne innere Bewegung sprechen. Wir Kinder waren uns der Gefahr überhaupt nicht bewusst, die uns drohte. Einer der Jungen hinterbrachte den Russen, dass drei seiner Kameraden bei der Hitlerjugend waren. Das war als Rache dafür gedacht, dass sie ihm einmal den Fußball weggenommen hatten. Sicher dachte er, die Russen würden sie versohlen. Aber diese befahlen den Kindern, für sich selbst Gräber auszuheben. Die Kinder waren 12 und 13 Jahre alt. Ich erinnere mich noch heute an sie. Es waren Erich und Georg Suchy und Walter Baldura. Als sie mit dem Ausgraben fertig waren, mussten sie sich an den Rand stellen ... Und dann fielen die Schüsse ... Das hat uns alle schrecklich erschüttert. Von nun an war alles anders.

❍ *Und wie ging das weiter?*

Die Russen erlaubten nicht, die Leichen auf dem Friedhof zu beerdigen. Als eine Gruppe der Russen verschwunden war, kamen die verzweifelten Mütter dieser Jungen zu mir und baten mich als Freund der Jungen und Messdiener, die Leichen zum Friedhof zu bringen. Im Schutz der Dunkelheit hoben wir die Leichen aus dem provisorischen Grab am Brunnen aus. Das war ein schreckliches Erlebnis. Mit dem Jüngsten von ihnen war ich eng befreundet ... Es gab niemanden, der die Beerdigung hätte abhalten können, denn der deutsche Pfarrer war weg, und der polnische noch nicht da. Also baten mich die Mütter, die provisorische Beerdigung abzuhalten.

❍ *Wie alt waren Sie damals?*

Zwölf. Äußerlich hätte das so aussehen können, als spielte ich Priester. Aber das war kein Spiel. Ich versetzte mich in die momentane Lage und wusste ganz genau, was ich da tue. Das lateinische Begräbnisritual kannte ich auswendig und habe es fast wortwörtlich wiederholt. Und die Menschen antworteten auf die Gebete, wie beim Priester. Nur an einigen Stellen überkam mich die Rührung und es verschlug mir die Sprache. Zu singen wagten wir nicht, aus Furcht, man könnte uns hören. Wir beteten das „Vater unser" und „Gegrüßet seiest du Maria". Zum Schluss bat ich Gott, in unserem Dorf möge niemand mehr umkommen ... Nach Jahren, als ich mir meine Berufung überlegte, erinnerte ich mich an jene Beerdigung. Und ich stellte fest, dass in manchen Situationen niemand dem Menschen so helfen kann wie ein Priester.

❍ *Wie sahen nach diesem Ereignis Ihre abendlichen Gespräche mit Gott aus?*

Hadern mit Gott kam damals für mich nicht in Frage, dafür war ich zu jung. Aber ich betete jeden Abend um das Ende des Krieges, damit alle nach Hause zurückkehrten und das Morden aufhört. Ich schämte mich, dies vor meiner Mutter zuzugeben, aber allabendlich flehte ich Gott an, dieses Morden und dieses Weinen der Mütter möge endlich ein Ende haben.

❍ *Ist Ihrer Familie damals nichts Schlimmes zugestoßen?*

Uns ist glücklicherweise nichts passiert. Dauernd kam irgendein Russe ins Haus. Gewöhnlich verlangten sie Uhren oder Lebensmittel. Sie drohten mit dem Karabiner. Regelmäßig nahmen sie uns Essen weg. Meine Mutter flehte, sie mögen uns etwas für die kleinen Kinder lassen. Ältere Soldaten mochten Kinder. Sagten zu uns „Rebiata" und lachten. Aber die Jüngeren, vor allem mit mongolischem Aussehen, kannten kein Erbarmen. Nachbarn, denen es gelungen war, etwas Brot und Mehl zu verstecken, teilten dies mit uns. Wir fühlten uns gedemütigt. Mit der Zeit dankte ich aber Gott, dass wir schließlich überlebt hatten. Viele Familien in Polen und in Europa, die das deutsche Militär „tragisch" kennengelernt hatten, haben dieses Glück nicht gehabt.

❍ *Ihre älteren Brüder waren zu der Zeit bei der Wehrmacht. Erinnern Sie sich an ihre Rückkehr? Was haben sie erzählt?*

Mutter sagte immer, wir könnten Broschütz nicht verlassen und das Haus im Stich lassen, weil drei Brüder und eine Schwester an der Front waren, sie sollten einen Ort haben, wohin sie zurückkehren konnten, eben ein Zuhause. Und sie hatte Recht. Als erster kam Karl zurück. Er war in Neiße zum Militär eingezogen worden, aber als er dort ankam, stand die Stadt schon in Flammen. Man sagte ihnen, sie sollten in den Wald laufen und sich zu Fuß nach Hause durchschlagen. Unweit Broschütz hielten sich die Russen auf. Zum Glück sprach er einige Worte russisch, weil er in Reigerswald mit sowjetischen Gefangenen zusammen gearbeitet hatte. Karl und seine Kameraden sagten den Russen, sie seien nicht beim Militär gewesen und kehrten zur Mutter und ihren Brüdern zurück. Die Sowjets begleiteten sie bis zum

Haus, um sich zu überzeugen, dass er nicht lügt. Als sie sahen, dass Mutter ihm um den Hals fiel, gaben sie Ruhe und er durfte bleiben. Nicht lange nach Karl kam meine Schwester wieder. Viel später tauchten die beiden älteren Brüder auf. Sie kamen aus englischer Gefangenschaft in Hamburg. Der eine hatte in Finnland gekämpft, der andre gelangte von Ostpreußen – per Auto über das Eis der Danziger Bucht – nach Westen. Er hatte Glück, denn am folgenden Tag haben die Russen diesen Weg bombardiert. In der Gefangenschaft haben beide Brüder großen Hunger gelitten. Tausende von Häftlingen sind damals an Unterernährung gestorben. Deshalb durften solche, die Verwandte in der Nähe hatten und wenn diese bereit waren, sie aufzunehmen, zu ihnen gehen. Die Engländer haben solche Gefangene entlassen. Meine beiden Brüder und unser Nachbar Konrad Sobotta nahmen daher mit meiner Tante Marie Kontakt auf, die in Hamburg wohnte. Ihr Mann war Kunstfotograf und Maler. Noch heute besitze ich ein Andenken an ihn, nämlich ein von ihm gemaltes Bild „Lüneburger Heide". Die Tante erschrak, als sie die drei Männer sah, denn sie litt mit ihrer Familie ebenfalls Hunger. Meine Brüder konnten sie davon überzeugen, dass sie ihr nicht zur Last fallen würden, denn sie hatten alle einen erlernten Beruf. Einer war Ofensetzer, der andere Maurer. Sie fanden auch schnell eine Arbeit, verdienten ganz gut und konnten nicht nur Tante und Onkel helfen, sondern auch ihren früheren Mitgefangenen im Lager. Letztendlich war meine ganze Familie glücklich aus dem Krieg wiedergekommen. Mein Vater wurde nach dem Kriege interniert, aber nach der Demontage des Ortes Blechhammer kam er nach Hause.

❍ *Wann hat die Familie wie früher wieder am großen Tisch Platz genommen? Wurde über den Krieg gesprochen?*

Sehr wenig. Im Unterbewussten verdrängten wir das Thema. Doch mir ließ das keine Ruhe. Ich fragte vor allem meine Brüder aus. Der eine von ihnen ahnte, was mich bewegte. Ich wollte wissen, ob einer von ihnen jemanden erschossen hatte. Aber

Zu Hause – eine Schachpartie mit Freunden.

sie versicherten, dass sie ein reines Gewissen hätten und zum Glück niemanden töten mussten. Besonders Gerhard erzählte, dass man zwar schießen musste, aber er habe immer ins Fenster des lieben Gottes gezielt, um sicher zu gehen, dass er niemanden traf.

❍ *Und als nun die Familie wieder zusammen war, haben die Eltern nicht an Ausreise nach Deutschland gedacht?*

Nein. Vielleicht deshalb, weil die Brüder, die aus Hamburg zurückgekommen waren, erzählten, dass dort auch nicht das Paradies sei. Das Land war zerbombt, es herrschte Hunger, und die Einheimischen haben die Umsiedler nicht gerade mit offenen Armen aufgenommen. Sie rieten daher zu einer gründlichen Überlegung, bevor wir uns zur Ausreise entschließen. Die Eltern entschieden sich, zu bleiben, und die älteren Brüder, die die polnische Schule nicht besucht hatten, bildeten sich eifrig weiter. Später, als Gymnasiast, habe ich ihnen in Mathematik und Geometrie geholfen. Mein Bruder Paul hat als Externer das

Ein Auto – das war im Dorf etwas Besonderes.

Abitur gemacht und studierte dann, auch im Fernstudium, drei Semester lang an der Hochschule für Ingenieurwesen.

❍ *Wir reden über die Pubertätszeit. Die Halbwüchsigen interessieren sich doch für Mädchen. Hatten Sie eine Freundin?*

Na klar. In der Schule hatten wir Mädchen, die aus den durch Bomben bedrohten Gebieten evakuiert waren. In unserer Klasse war Vilma aus Münster. Sie hatte in unserem Dorf nahe Verwandte. Das Mädchen war sehr hübsch, und sie sprach wunderbar Hochdeutsch, was man bei uns ja nie hörte. Sie erzählte uns vom reizvollen Leben in der Großstadt, wovon wir nicht einmal träumen konnten. Ich habe sie bewundert und beneidet. Ich war überdies – wie alle Jungen – in die Tochter des örtlichen Lehrers, in Marie, verliebt. Sie kam zwar aus einer Akademikerfamilie, trug die Nase aber nicht zu hoch. Ich bemühte mich um sie, abends brachte ich einen Eimer Kohle zu ihr nach

Hause, die wir als Deputat von der Grube bekamen. Oder auch ein Stück Rauchfleisch von der letzten Schweinschlachtung. Bei diesen Gelegenheiten konnte ich ihr begegnen.

❍ *Und was hat Ihre Mutter dazu gesagt?*

Ich machte das natürlich heimlich, aber sie hat es geahnt. Sie lachte und sagte, wenn ich ihr davon erzählt hätte, dann hätte sie mir ein besseres Stück Fleisch gegeben als das, was ich mitgenommen hatte. Marie hat nach dem Kriege geheiratet, einen in der Gegend sehr begabten Musiker, der sieben Instrumente beherrschte, Unterricht erteilte und spielte. Er hatte das absolute Gehör. Ich weiß, dass sie später drei Kinder hatten.

❍ *Hat es Ihnen später nie Leid getan, dass Sie keine Familie gegründet haben?*

Zum Glück habe ich aus diesem Grunde nie gelitten, auch habe ich nie ernsthafte Probleme damit gehabt.

❍ *Hatten Sie als Jugendlicher Verabredungen mit Mädchen?*

Selbst das nicht. Auch wenn ich im Gymnasium, als mein Wunsch Priester zu werden, konkrete Formen annahm, von zwei Mädchen begeistert war. Sie waren evangelisch und konnten kaum polnisch.

❍ *Erinnern Sie sich noch an ihre Namen?*

Sehr gut erinnere ich mich – es waren Rita Rewers und Edith Eichmann. Beide waren sehr intelligent und sprachen ein vorzügliches Deutsch, nicht so holperig wie wir im Dorf. Das hat mir gefallen.

❍ *Sie reden nun schon wieder über den Intellekt. Aber Anmut und Fraulichkeit zählten da nicht?*

Mit Helga (links) und Inge – den Schwestern des befreundeten Priesters Gerhard Sobotta.

Das schon, auch das hat mich interessiert, aber nicht in der Art des „Oh" und „Ah". Ich suchte nach kluger Schönheit. Erst dann war ich auch in der Lage, eine Frau zu bewundern.

❍ *Und wie endete die Begeisterung über diese beiden Mädchen?*

Leider siedelten sie am Ende der achten Klasse nach Deutschland um.

❍ *Wie sah Ihre erste Begegnung mit Polen aus?*

Der Anfang war sehr schwer, besonders deshalb, weil ich zwar den schlesischen Dialekt beherrschte, aber nicht die polnische Schriftsprache. Die kannte nur mein Vater, der damals nicht nur im deutschen Beuthen arbeitete, sondern auch in Kohlengruben im polnischen Teil Schlesiens. Nach dem Kriege half mir mein Vater beim Erlernen der polnischen Sprache. Es war nicht leicht, alles war eine Überraschung. Wir nannten z.B. das nahe gelegene Oberglogau (Głogówek) im Dialekt „Gogówek", und ich verstand nicht, weshalb auf dem Ortsschild der mir unbekannte durchgestrichene Buchstabe „l", also „ł" stand. Verwundert frage ich meinen Vater, warum denn auf dem Schild ein durchgestrichener Buchstabe stehe; wenn sich schon jemand vertan habe, könnte er ja das Schild übermalen und neu schreiben, statt den durchgestrichnen Buchstaben stehen zu lassen. Mein Vater lachte und erklärte mir, es handle sich dabei um einen eigenen polnischen Buchstaben.

❍ *Erinnern Sie sich noch an das erste Buch, das Sie auf Polnisch gelesen haben?*

Das war „Quo vadis" von Sienkiewicz. Aber gleich nach dem Krieg las ich immer noch deutsche Bücher aus der Pfarrbücherei des Borromäusvereins. Vor allem verschlang ich die Märchen der Brüder Grimm und von Thorwaldsen. Das Märchenlesen versetzte mich in eine bessere, idealisierte Welt, die manchmal aber auch grausam war. Mit Hilfe der Märchen verstand ich die Kraft des Überirdischen besser, ich entdeckte, dass es vor der Philosophie und Theologie noch etwas anderes gibt, das uns selbst übersteigt. Es tat mir sehr leid, dass die Russen die Bücher aus unserer Schulbibliothek verbannten. Den lodernden Bücherhaufen bewachte ein Russe mit einem Karabiner über der Schulter. Ich wartete, bis er sich ein wenig entfernt hatte, und als sie ihn zum Mittagessen riefen, schlich ich mich an die brennenden Bücher heran und zog noch drei nicht angesengte Bücher heraus. Das war ein einbändiges „Brockhaus"-Lexikon, das neueste Schulbuch „Physik für alle" von 1942 und die deutsche Übersetzung von „Quo vadis" von Sienkiewicz. Aus dem Physikbuch erfuhr ich zum ersten Mal etwas über die Atombombe und die Entwicklung des Farbfernsehens. Die Physik faszinierte mich. Und die deutsche Übersetzung von „Quo vadis" leistete mir gute Dienste, denn als ich das Buch auf Polnisch las, konnte ich unbekannte Wörter in der deutschen Ausgabe nachschlagen.

❍ *Und wann kam das Interesse an humanistischen Fächern auf, ohne die man ja keine Theologie studieren kann?*

Im Gymnasium. Die nächste höhere Schule war in Głogówek (Oberglogau) - 12 Kilometer von zu Hause. Da wir kein Fahrrad hatten, ging ich zu Fuß. In der ersten Woche war das noch auszuhalten, aber dann goss es in Strömen. Ich kam völlig durchnässt in der Schule an, und nach einigen Tagen wusste ich, dass ich das körperlich nicht durchstehen würde. Deshalb ging ich zum Pfarrer, um mir Rat zu holen. Er wusste auch nicht weiter und überlegte, ob es wirklich Gottes Wille sei, dass ich lerne. Davon war ich aber absolut überzeugt. Unser Schulleiter in Broschütz, Antoni Budzicki, der als einziger im Dorf ein Telefon mit Kurbel hatte, rief bei verschiedenen Stellen an und fand für mich schließlich einen Platz im „Carolinum" in Neiße. Dort lernte ich dann die polnische Literatur schätzen, ihre humanistischen Werte. Unsere Polnischlehrerin faszinierte mich mit dem bekannten Gedicht von Asnyk „An die Jugend“, in dem die Worte vorkommen: „Je mehr die menschliche Seele an Weite gewinnt, desto größer wird Gott.“ Mir wurde dadurch bewusst: wenn etwas wirklich zutiefst menschlich ist, dann ist es auch offen für Gott. Das hat sich für mich dann in der Philosophie bei Thomas von Aquin bestätigt, der sagte, dass der Mensch imstande sei, alles Streben und Trachten in sich aufzunehmen, sogar den unendlichen Gott (homo capax Dei). Das hat mir imponiert.

❍ *Wie sind Sie mit dem Lernen auf Polnisch fertig geworden?*

Ich hatte einen riesigen Nachholbedarf, denn in der Schule in Broschütz habe ich zwar die siebte Klasse abgeschlossen, aber wir lernten aus Büchern für die fünfte Klasse. Meine Rettung war, dass ich in Neiße in der bischöflichen Burse wohnte und ihr Leiter, Pater Felix Zapłata, ein fähiger Mann, für die Erstklässler des Gymnasiums kostenlosen Nachhilfeunterricht veranstaltete, den uns die Abiturienten erteilten. Ich besuchte diesen Unterricht in allen Fächern von September bis März. Auf diese Weise habe ich das mir fehlende Pensum nachgeholt.

❍ *War der Gymnasiast Alfons Nossol damals schon entschlossen, ins Priesterseminar einzutreten?*

Noch nicht. An erster Stelle rangierte für mich damals noch die Physik. Ich war in diesem Fach ziemlich gut, vor allem weil ich aus dem Nachlass unseres früheren Pfarrers das vorzügliche deutsche Physikbuch von Grimsel hatte. Das gleiche Buch, oder besser gesagt, dessen russische Übersetzung, benutzte unser Physiklehrer, Mikołaj Klimowicz. Er fragte uns nach diesem Buch ab und ich wusste immer fast alles. Als ich ihm eines Tages gestand, dass ich das deutsche Original des Buches besitze, bat er, das Buch mitzubringen und aus diesem zu übersetzen, denn die russische Version war zensiert. Der Lehrer hat mich fortan in Physik nicht mehr drangenommen.

❍ *Und wie haben Sie sich in Neiße eingelebt?*

Der Anfang war schwer. In der ganzen Klasse war ich der einzige Schlesier, alle anderen waren Umsiedler aus dem Osten. Sie lachten immer über mich, wenn ich etwas sagte. Doch es halfen mir die naturwissenschaftlichen Fächer. Als sich herausstellte, dass ich Aufgaben in Mathematik, Physik und Chemie am schnellsten lösen konnte, standen die anderen Mitschüler bei mir Schlange um abzuschreiben. Und dann lachten sie nicht mehr über mich. Fortan halfen sie mir freundlich und berichtigten mein Polnisch. Das weitere tat unsere Polnischlehrerin, die mir nahe legte, Sienkiewicz zu lesen, um meinen Stil zu verbessern. In den Ferien habe ich dann wohl einen Meter seiner Bücher gelesen. Dann kam Żeromski an die Reihe. Im Gymnasium kam mir dann zum ersten Mal der Gedanke an die „Sprache des Herzens“. Und schon als Bischof habe ich den Begriff in Bezug auf die Minderheiten im Oppelner Land benutzt.

❍ *Wie sind Sie damals als Gymnasiast darauf gekommen?*

Unsere Mathematiklehrerin, Frau Kura aus Lemberg, verlangte, dass wir an der Tafel laut rechneten. Ich konnte gut rechnen, aber ich tat es schweigend. Ich beherrschte auch das große Einmaleins. Sofort konnte ich sagen, wie viel 13 mal 17 ist. Aber ich wusste es nur auf Deutsch. Wenn ich auf Polnisch laut rechnete, machte ich Fehler. Die Mathematiklehrerin beschwerte sich deshalb bei der Klassenlehrerin, dass ich eigensinnig sei und sie mich nicht mehr drannehmen würde. Der Klassenlehrerin sagte ich, dass dies nicht stimme, ich hätte nur Angst, dass die anderen mich beim Vorrechnen auf Deutsch wieder auslachen würden, oder was noch schlimmer wäre, sie würden mich hassen – so einen Deutschen in der polnischen Schule. Als die Mathematiklehrerin davon erfuhr, beruhigte sie mich und sagte, jetzt verstehe sie mich, denn ihre Oma bete und rechne immer noch ukrainisch. Da begriff ich, was die Sprache des Herzens ist. Es ist die Sprache, in der der Mensch betet, rechnet und ... flucht.

❍ *Hatten Sie immer einen guten Kontakt zu den Umsiedlern aus dem Osten?*

Ich kann sie sehr gut verstehen. Bei unseren Nachbarn in Broschütz wohnten Umsiedler aus Wolhynien. Durch den Krieg hatten sie ihre Kinder verloren. Bei ihnen gab es eine Oma, die viel und innig über die Gebiete im Osten erzählte. Dort hatte sie 13 km bis zur Kirche gehabt. Es schmerzte sie, dass sie jetzt, wo sie die Kirche vor Ort hatte, nicht mehr die Kraft hatte, zum Gottesdienst zu gehen. Der Priester brachte ihr nur einmal im Monat die Krankenkommunion. Sie bat mich, als Messdiener möge ich den Pfarrer bitten, einmal wöchentlich zu kommen. Pfarrer Sappok war einverstanden, und so besuchten wir sie an jedem Samstag nach der Messe. Sie hatte ein wunderschönes ukrainisches Gebetbuch, in Elfenbein gebunden. Und sie sagte, ich solle nie auf meine Sprache des Herzens verzichten.

❍ *Stimmt es, dass sich der junge Alfons Nossol fürs Theater interessierte?*

Ja. In Broschütz spielten wir Theater im Rahmen des Volkssportklubs. Das Hinterherlaufen hinter dem Fußball interessierte mich nicht mehr. Zum Theaterspielen überredete uns eine Lehrerin, die aus Lemberg stammte, wo sie die Kunstschule absolviert hatte. Sie inszenierte für uns Krippenspiele und schrieb selbst Stücke über die Natur, darüber, dass der Mensch sie achten und schützen müsse. Damals sprach man noch nicht über Ökologie, aber diese Lehrerin praktizierte sie schon. Als sie versetzt wurde, übernahm ich diese Aufgabe und kümmerte mich um das Theater. Ich wollte, dass meine Freunde aus Broschütz die polnische Literatur kennen lernten. Ich schlug also „Zemsta" (Die Rache) von Fredro vor. Doch wir bekamen Schwierigkeiten, denn es fand sich kein Mädchen, das mitspielen wollte. Sie waren zu schüchtern und sagten, sie wollten sich nicht lächerlich machen. Also blieb mir nichts anderes übrig, als die weiblichen Stimmen selbst zu sprechen – aber aus dem Raum hinter den Kulissen. Die ersten Mädchen konnten wir dann für

Kosakentanz „Zbójnicki". In der Mitte vorn der künftige Erzbischof.

das Stück „Die hl. Genovefa" gewinnen, denn hier konnte ein Junge nun wirklich nicht die weibliche Rolle übernehmen.

❍ *Über welches Stück waren Sie am meisten stolz?*

Das beste Stück „unter meiner Regie" mit dem Bühnenbild von Konstantin Kipka war die verkürzte Version von Słowackis „Balladyna", wo wir besonders den Konflikt zwischen Mutter und Tochter herausarbeiteten. Im Theater in Neiße hatte ich abgeguckt, wie man mit zwei großen Blechstücken Spezialeffekte, wie Blitz und Donner, hervorrufen konnte. Von diesem Theater liehen wir uns sogar Kostüme, Perücken und Klebstoff aus, damit wir uns gut verkleiden konnten. Das Neißer Theater lobte uns, weil wir die Kunst in die Häuser der Menschen brachten. Diese „Balladyna" spielten wir im ganzen Kreis, sogar in Prudnik (Neustadt), also der Kreisstadt. Wir waren richtig inspiriert und nahmen unsere Aufgabe sehr ernst, wenngleich humoristische Augenblicke uns auf den Boden der Tatsachen zurückholten. Ein Mädchen, Alina mit Vornamen, konnte das

Wort „Veilchen“ nicht aussprechen. Immer sagte sie „Vleichen.“ Und ein Junge, Bonifaz, verfügte nicht über die richtige Stimme, aber er wollte in der „Balladyna“ unbedingt Vogelstimmen nachmachen. Ich bat ihn, er solle doch lieber mit den Blechen Krach machen, um ein Gewitter zu imitieren. Bei einer Vorstellung hat er sich dann vertan und kreischte laut in der Meinung, er mache den Kuckuck nach. Das Publikum wusste sofort, dass es der „Boni“ war. Es gab viel Gelächter.

❍ *Haben Sie sich mit Ihrer humanistischen Neigung damals schon von Ihren Geschwistern unterschieden?*

Das hat mich in der Tat von Schwestern und Brüdern unterschieden. Sie interessierten sich für eine konkrete Arbeit, und ich fragte dauernd: Warum? Meine Haarspalterei ging ihnen mächtig auf die Nerven. Alfons, sagten die Brüder, frag doch nicht, woraus der Nagel gemacht ist, wichtig ist doch, dass du damit ein Brett annageln kannst. Meine Lesewut machte auch meiner Mutter Sorgen. In den Ferien wollte ich ihr einmal helfen und ging die Ziegen hüten. Aber bei den Ziegen las ich dann nur und vergaß alles andere. Als ein Gewitter aufzog, fanden die Ziegen alleine den Weg nach Hause und mich mussten alle suchen. Meine Mutter sagte immer, Lesen und Schreiben sei keine Arbeit. Ich sollte doch etwas Praktisches lernen. Sie wusste damals noch nicht, dass ich Priester werden wollte.

Berufung, Priestertum, Bischofsamt

> „Du hast mich betört, o Herr, und ich ließ mich betören; du hast mich gepackt und überwältigt“
>
> Jer 20,7

❍ *Wann ist in Ihrem Leben der Gedanke aufgekommen, Priester zu werden?*

Das begann damit, dass ich Ministrant war. Beim Ministrieren befand ich mich ganz in der Nähe zum höchsten himmlischen Gut auf Erden, das heißt zur Eucharistie. Als Messdiener kam ich auch an jedem ersten Freitag im Monat zu den Kranken. Ich ging zusammen mit dem Pfarrer aus Broschütz nach Schlacken und Kramelau. Ich war ein kleiner Junge, er dagegen war groß und kräftig und trug das Allerheiligste. Der Pfarrer machte große Schritte und trat mir dabei unfreiwillig auf die Fersen, denn ich ging ja mit der Laterne und dem Glöckchen vor ihm her. Auf dem Rückweg ging ich schon neben ihm und er stellte mir Fragen zu seinen Predigten. Ich sagte offen, was ich nicht verstand, sogar meine Mutter nicht, und mit der Zeit merkte ich, dass er verständlicher zu reden begann, eben mehr für die Menschen. Bei Schlacken stand auf einem Feld ein Kreuz. Einmal sagte der Pfarrer, ich sollte die deutsche Aufschrift auf dem Kreuz vorlesen. Ich erinnere mich bis heute an den Text: „Christ, gehe an mir nicht grußlos vorbei, bedenke, dass ich dein Erlöser sei.“ Der Pfarrer begann, mir die Bedeutung zu erklären, und auf diese Weise brachte er mir die Theologie näher. Ich war damals elf Jahre alt. Aber er hat nie versucht, mich direkt zum Priestertum zu überreden, wenngleich er manchmal fragte, was ich als Erwachsener machen möchte. Ich sagte ihm, dass ich mir mit einer

Antwort Zeit lassen wolle, doch er meinte mit Nachdruck, ich müsste schon jetzt besondere Neigungen haben. Die konkrete Absicht, Priester zu werden, kam aber viel später.

❍ *Wann?*

Das reifte langsam heran. Der Durchbruch kam in der bischöflichen Burse im Diözesan-Internat, wo ich während meiner Gymnasialzeit wohnte. Leiter und Präfekt dieser Einrichtung war Pater Felix Zapłata, ein Steyler Missionar, bei dem wir Religionsunterricht hatten. Er imponierte mir mit seinem radikalen Humanismus. Ich sah, dass ein Priester unbedingt für andere da sein muss und sich bemühen sollte, die Menschen offen zu machen für Gott, für den Nächsten und die Schönheit der Welt. Gleichzeitig ist er aber auch eine Quelle der Freude und des Glücks für andere und für sich selbst.

❍ *Sie sind mitten in der Stalinzeit ins Priesterseminar eingetreten. Hatten Sie keine Angst?*

Die Angst hielt sich in Grenzen, zumal 106 junge Männer eintraten, von denen 57 zum Priester geweiht wurden. Wir waren sehr verschieden, auch altersmäßig. Der Jüngste von den Anfängern war noch keine neunzehn, und der Älteste hatte die vierzig bereits überschritten. Mich hat gewiss die Tatsache beeinflusst, dass ich während der Hitlerzeit in einem totalitären System lebte. Nach dem Kriege hatten wir dann ein anderes totalitäres System. Beide wurden zwangsweise eingeführt, und beide waren gegenüber der Kirche, dem Glauben und der Freiheit des Menschen kritisch eingestellt. Ich dachte mir, wenn sowohl die Faschisten als auch die Kommunisten so stark gegen das Christentum kämpfen, dann muss es wahr sein. Alles entschied aber die Berufung. Es war die Gnade Gottes. Ohne sie hätte es wohl niemand gewagt, ins Seminar einzutreten. Man musste mit Verfolgung rechnen. Wir wurden direkt darauf hingewiesen, dass man als Priester notfalls auch den Tod in Kauf nehmen müsse. Das Priestertum versprach kein sorgloses Leben, aber es interessierte mich immer schon, gegen den Strom zu schwimmen. Eine Gewissheit, dass ich wirklich berufen war, hatte ich nicht. Und kein Beichtvater hat mir eine solche Gewissheit versprochen. Das ist immer eine Sache des Glaubens.

❍ *Wie haben die Eltern auf die Nachricht reagiert, dass ihr Sohn ins Priesterseminar eintreten wolle?*

Mein Vater nahm meine Entscheidung mit Freude auf, meine Mutter war kritischer. Sie sagte: „Junge, ob du das schaffst? Es wird nicht leicht sein. Du hast viele Jahre des Studiums vor dir, das ganze Leben lang wirst du gegen den Strom schwimmen müssen." Sie verlangte, dass ich mir die Entscheidung reiflich überlegte, denn ich würde nie an mich selbst denken dürfen, sondern immer an andere. Kurz gesagt – sie nahm meine Entscheidung hin, aber ohne große Begeisterung. Und das, was ich von meiner Mutter gehört hatte, wiederholte auch unser Spiritual während des Studiums immer wieder: „Willst ein Leben so schwer wie ein Alptraum, werde Priester und werde es halb. Willst ein Leben so hell wie Sonnenglanz, so werde Priester und werde es ganz." Das ist heroisch, ohne Gottes Gnade und das Gebet der Angehörigen hätten wir dem nicht standgehalten.

❍ *Wie stellten Sie sich damals Ihre Aufgaben als Priester vor?*

Ich wollte einen Weg einschlagen, auf dem ich den Menschen möglichst gut helfen konnte und für jedes ihrer Probleme so etwas wie ein Rezept hätte. Damals glaubte ich, es gebe solche Universallösungen. Heute weiß ich, dass man sie nicht braucht, weil man unbedingt jeder Person in ihrer Lage individuell begegnen muss. Es lag mir sehr daran – und darin bin ich bestätigt worden – dass man als Priester ein Humanist sein und den Menschen nach Möglichkeit helfen müsse, unabhängig davon, unter welcher Fahne sie gerade marschieren.

❍ *Wie sahen damals die Lebens- und Studienbedingungen im Priesterseminar aus?*

Es war in keiner Hinsicht leicht. Dass Essen ließ zu wünschen übrig. Als Vesperbrot bekamen wir ein trockenes Brötchen und bitteren Tee aus Senfgläsern, weil es an Tassen fehlte. Fleisch gab es höchst selten, weil die Behörden keine Zuteilungen gewährten. Unser Rektor, Jan Tomaszewski, der aus Lemberg stammte, wusste, dass bei uns in Schlesien auch ein bisschen preußische Kultur herrschte. Deshalb führte er bei uns ein sehr strenges Regime und eine straffe Ordnung ein. Er trichterte uns ein: „Deus est ordo et ordo necessarius est in anima hominis", Gott sei die Ordnung, und deshalb sei Ordnung für die Seele unerlässlich. Ohne Ordnung könne es kein echtes Menschsein geben. Bei den Gottesdiensten, den Vorlesungen, und sogar beim Schlafengehen, achtete er auf Pünktlichkeit. Es kümmerte ihn nicht, dass wir Erwachsene waren, um 22.00 Uhr gingen die Lichter aus. Das Zusammenleben im Seminar hat uns auch zusammengeschweißt. Man musste das Zusammenleben erlernen, zumal manchmal sechzehn Personen in einem Raum wohnten. Zum Glück waren wir jung, so dass das Schnarchen eines Kameraden nicht als sehr störend empfunden wurde. Heute wäre es unvorstellbar, dass Kleriker unter solch spartanischen Bedingungen leben. Damals bekamen in Oppeln erst die Diakone ein Vierbettzimmer, und das war fast schon komfortabel. In Neiße, wo wir sehr viele waren, badeten wir wie beim Militär, einmal wöchentlich. Und auch das ging nicht immer. Das Bad unterstand einem alten Opa aus Gumpertsdorf (Komprachcice) bei Oppeln. Es kam vor, dass er verkündete, heute werde nicht gebadet, weil „kein Druck" vorhanden sei. Manchmal war der Druck genau dann weg, wenn wir gerade eingeseift unter der Dusche standen.

❍ *Ähnlich wie im Gymnasium gab es im Priesterseminar neben Schlesiern auch junge Männer aus Ostpolen und Zentralpolen. Wie gelang es, da eine gemeinsame Basis zu finden?*

Uns Schlesiern kam zugute, dass wir ziemlich flexibel waren. Unsere Kultur bestand seit Jahrhunderten aus polnischen, deutschen, österreichischen und mährischen Elementen. Deshalb fiel es uns nicht so schwer, Neues zu akzeptieren, das dazu kam. Ähnlich erging es den Leuten aus Ostpolen in ihrem Kontakt mit der orthodoxen und griechisch-katholischen Kirche. Menschen aus dem polnischen Osten begriffen sehr gut, was Vertreibung ist, weil sie selbst vertrieben worden waren. Alle im Seminar lebenden Gruppierungen machten dort ihre Entdeckungen. Wir konnten uns davon überzeugen, dass es gute und sympathische Polen gibt. Unsere Kameraden, die nicht aus Schlesien kamen, stellten fest – manchmal mit Erstaunen – dass es auch gute Deutsche gab und dass entgegen der Meinung Churchills ein guter Deutscher nicht unbedingt ein toter Deutscher sein muss.

❍ *Habt Ihr Euch nicht in regionalen Gettos abgekapselt?*

Zum Glück nicht und deshalb begriff ich sehr schnell, dass Andersartigkeit nicht Fremdheit ist. Ich sah, dass die Kollegen aus dem Osten mit Lemberg und Wilna so verbunden waren, wie wir mit unserer Heimat. Wir lernten ihre Lieder kennen, ohne die eigenen zu vergessen. Schon während des zweiten Studienjahres hatte ich verstanden, dass die Vielfalt versöhnt sein muss. Wenn man glücklich sein will, muss man die Überzeugungen und Gefühle der anderen anerkennen, und nicht nur die eigenen um jeden Preis hervorheben.

❍ *Das war gewiss eine politisch nicht gerade günstige Zeit, um so offen über die eigenen Erfahrungen zu sprechen?*

Richtig, deswegen unterhielten wir uns viel in den Pausen und auf Spaziergängen. Am meisten diskutierten die Raucher, die sich im Raucherraum trafen. In den Rauchschwaden waren sie kaum zu erkennen, denn der Raum war klein. Aber diese Gespräche ließen uns unsere Kulturen besser verstehen. Die Kameraden aus dem polnischen Osten waren darüber schockiert, dass wir in Schlesien ebenfalls unsere Vertriebenen hatten. Ich selbst erfuhr von den Kollegen, die von jenseits des Bug stammten, Einzelheiten über die ukrainischen Verbrechen in Wolhynien. Mir blieb es unverständlich, dass sich Menschen, die nebeneinander wohnten und alle katholisch waren, gegenseitig umbrachten. Ein wenig nationalistische Ideologie hatte dafür schon ausgereicht. Über solche Bedrohungen durch den Nationalismus war sich unser Rektor im Klaren, und er warnte uns deshalb vor derartigen Haltungen.

❍ *Haben Sie selbst auch geraucht?*

Ich muss gestehen, dass ich das gerne lernen wollte, weil zu Hause alle Männer rauchten. Mein Vater rauchte Pfeife und er rauchte guten Tabak aus Hamburg oder Beuthen. Ich war schon etwas älter und durfte seine Pfeife putzen, und bei dieser Gelegenheit zog ich manchmal daran. Bei der Arbeit auf dem Feld qualmten wir Rübenblätter. Aber so richtig rauchen wollte ich erst später, als mein Bruder Paul als letzter aus dem Krieg zurückkam. Er brachte nicht nur eine amerikanische, mit Pelzfutter wattierte warme Jacke mit, sondern auch Zigaretten der Marke „Chesterfield“. Eines Tages nahm ich mir eine solche Zigarette und ging zum Einkaufen hinter der Schule und der Kirche entlang. Und dort habe ich endgültig auf das Rauchen verzichtet. Die Zigarette war so entsetzlich stark, dass ich husten musste und eine Weile überhaupt keine Luft kriegte. Vom Rauchen war ich fortan kuriert.

❍ *Wie behandelten die Lemberger Professoren die Schlesier?*

Unsere Professoren kamen überwiegend von der Jan-Kazimierz-Universität in Lemberg und übertrugen ihre guten Traditionen nach Neiße. Rektor Jan Tomaszewski, ein zugänglicher, sehr fähiger und fleißiger Mann, hatte für uns Schlesier immer ein offenes Herz. Die Menschen aus dem Osten kamen nicht nur mit ihrem Wissen zu uns, sondern sie brachten auch eine enorme Lebenserfahrung mit. Ihre Fähigkeiten gingen in Klugheit über. Generell brachten die Lemberger Professoren viel Verständnis für uns auf. Nur einer war auf die Schlesier nicht gut zu sprechen. Mich hatte er auf dem Kicker, weil ich meinen Namen mit zwei „s“ schrieb. Insgeheim war er gegen alle, die noch nicht gut polnisch konnten. Nachsichtig war er lediglich gegenüber solchen, die sich bei ihm zum Seminar anmeldeten. Ich hatte das nicht getan, weil das, was er unterrichtete – nämlich Rhetorik und Homiletik – mir langweilig vorkam. Deshalb hatte ich bei ihm ein Minus, aber mich interessierten mehr Fächer wie Philosophie und Dogmatik, wo ich auch Seminare belegt hatte. Um unser Polnisch aufzubessern, quälte uns dieser Professor mit der „Trilogie“ von Sienkiewicz. Die Geschichte von Zagłoba und Kmicic musste man auswendig können. Für mich war das Lernen von Lebensläufen fiktiver Personen aber extrem langweilig. Wir haben lange miteinander „gerungen“. Gerettet haben mich meine guten Noten in den schwierigsten Fächern – z.B. in Philosophie und besonders Metaphysik, die wir schon im ersten Studienjahr hatten. Sehr hilfreich war mir dabei, dass ich in Metaphysik ein Lehrbuch in deutscher Sprache besaß, das ich von meinem früheren Pfarrer bekommen hatte. Darin fanden sich ausgezeichnete Beispiele für die Anwendung dieser Disziplin im praktischen Leben. Im Priesterseminar gab es ein solches Lehrbuch nicht. Einer unserer Professoren, Herr Iłków-Gołąb, ein ehemaliger Jesuit, der sehr gebildet war, bestimmte mich und noch einen Kollegen zu seinen informellen Assistenten. Wir unterrichteten die jüngeren Jahrgänge in Metaphysik.

❍ *Wie haben Ihre Brüder Ihr Interesse an dieser Metaphysik kommentiert?*

Mein jüngerer Bruder fragte mich einmal in den Ferien, was wir denn im Priesterseminar so lernten. Voller Begeisterung erzählte ich ihm von meiner Liebe zur Metaphysik, weil der Mensch dort erkennt, wer er wirklich ist. Was das Sein ist, und in welche Kategorien man dieses Sein einteilt. Er unterbrach mich und sagte: „Jesus, Maria, wozu musst du wissen, was das Sein ist. Bis du das weißt, kommst du um, du wirst damit nichts zum Lebensunterhalt verdienen."

❍ *Hatten Sie während Ihrer Besuche zu Hause, zum Beispiel in den Ferien, keine Zweifel, ob Sie den richtigen Weg eingeschlagen haben? Wenn Sie im Bekanntenkreis sahen, wie Ihre Altersgenossen heirateten, Kinder bekamen ...*

Nein, während meiner Studienzeit erlebte ich keine grundsätzlichen Krisen meiner Berufung, wenngleich ich mich immer fragte, ob das der richtige Weg für mich sei. Und meine Eltern sagten immer, wenn ich wolle, könne ich jederzeit nach Hause kommen. Zwar gaben sie zu, dass sie sich dessen schämen würden, aber sie würden das durchhalten. Wichtig sei nur, ich solle mich nicht verstellen, denn Priester werde man für das ganze Leben. Meine Mutter war eine sehr reife Frau. Sie verfiel nicht in Euphorie, weil ihr Sohn Priester wurde. Gefreut hat sich meine Großmutter, aber auch sie sagte immer, dass das Leben eines Priesters sehr schwer sei. Sie ermahnte mich, viel zu lernen, denn alles, was ich wüsste, käme sicher anderen Menschen zugute, und der Priester sei ja dazu da, anderen zu helfen. Die Gespräche mit ihr haben mir viel gegeben. Meine Großmutter und meine Mutter haben mächtig für mich gebetet. Beide bestürmten ständig den Himmel für mich.

❍ *Ist es Ihnen leicht gefallen, ein Leben lang zölibatär zu leben?*

Für mich bestand die Begründung des Zölibats darin, dass ich durch meinen Dienst für andere nicht nur auf die eigene Familie beschränkt sein würde. Jede Familie hat ein Recht dazu, dem Vater zu sagen, er solle sich zuerst um sie kümmern und erst dann um andere. Wenn ich geheiratet hätte, dann hätten Frau, Kinder und Angehörige ihre Rechte angemeldet. Ich hatte verstanden, dass einem Zölibatären niemand so etwas sagen

Seminaristenzeit in Oppeln.

dürfe. Als Priester würde ich weitgehend unabhängig sein können und nicht durch irgendwelche persönlichen Verpflichtungen gebunden sein. Deshalb würde ich radikal für alle da sein. Und alle lieben können.

❍ *Heutzutage äußern Menschen Zweifel, ob ein Priester denn überhaupt Ahnung von der Liebe habe.*

Allein der Priester darf die Liebe niemandem versagen. Für alle anderen Menschen ist die Liebe die höchste Frucht der Freiheit. Niemand darf gegenüber einem anderen sagen: Du musst mich lieben, nicht einmal der Ehemann gegenüber seiner Frau oder die Eltern gegenüber den Kindern. Nur der Priester macht hier eine Ausnahme. Er allein muss dem Evangelium gemäß lieben. Laut seiner Berufung ist die Liebe sein Beruf. Ein Priester soll gebildet und klug sein, aber wenn er nicht lieben würde, könnte er nicht Priester sein. Jeder Mensch, egal ob gläubig oder ungläubig, hat ein Recht darauf, vom Priester verstanden und geliebt zu werden, weil der Priester die im Johannesevangelium enthaltene Definition widerspiegeln muss, dass Gott die Liebe ist. Das ist schön, aber auch schwer und ein wenig tragisch, weil es heroisch ist. Das bekommt auch keiner aus sich selbst heraus fertig. Das geht nur in engster Verbindung mit Christus. Und wenn die Welt ihn verletzt, sollte er auf das Kreuz schauen und wissen, dass dies der Weg ist, der in Richtung Auferstehung führt. Der Priester kann sich auf das Kreuz stützen, um Kraft zu schöpfen, aber er darf sich nicht auf das Leiden konzentrieren. Denn das Leiden allein rettet nicht und erlöst nicht. Es tut dies nur dann, wenn es von der Liebe motiviert wird. Ein Leiden ohne Liebe ist reiner Masochismus.

❍ *Kommen wir noch einmal auf das Priesterseminar zurück. Hatten Sie mit irgendwelchen Fächern Schwierigkeiten?*

Die größten Schwierigkeiten hatte ich mit dem Fach Geschichte, weil ich es einfach nicht gemocht habe. In Geschichte ge-

Am 23. Juni 1957 wird Alfons Nossol durch Bischof Franciszek Jop zum Priester geweiht.

Mit den engsten Familienangehörigen bei der Primiz in Broschütz. Neben dem Neupriester seine Eltern.

Mit Großmutter Franziska Burczyk und Mutter Hedwig.

fiel mir die menschliche Grausamkeit nicht und der Mangel an Achtung für den anderen Menschen, der Chauvinismus, das gegenseitige Sich-Bekämpfen, die Ungerechtigkeit. Geschichte war für mich kein trostspendendes Fach, es war ohne Optimismus. Ich sah in Geschichte immer viel Verlogenheit, vielleicht auch deshalb, weil während meiner Schulzeit, in der Nazizeit, die Geschichte schrecklich ideologisiert worden war. Schon besser ging es mir in Heimatkunde. Da waren die Ereignisse für mich leichter durchschaubar. Sehr viel Kraft hat mir auch das Amt des „Verwalters" bzw. Ökonomen abverlangt, das ich im Auftrag von Rektor Tomaszewski ausüben musste. Er wusste genau, dass ich vor allem Theoretiker war, also wollte er mich auf den Boden der Tatsachen zurückführen. Ich war für den körperlichen Arbeitseinsatz der Kleriker zuständig. Da gab es viele Aufgaben zu erledigen, zumal wir gerade eines der Seminargebäude errichteten. Ich war derart überfordert, dass ich mich kaum an meinen Weihetag richtig erinnern kann, obgleich ich wusste, dass an diesem Tage etwas ganz Besonderes mit mir geschah.

❍ *Was ist Ihnen denn von Ihrem Weihetag, am 23. Juni 1957, besonders in Erinnerung geblieben?*

Am eindruckvollsten war für mich der Augenblick der Prostration, als wir während der Allerheiligenlitanei auf dem Fußboden der Kathedrale lang ausgestreckt lagen. Damals war dieses Gebet noch viel länger als heute. In jenem Augenblick ereignete sich etwas, was ich schwer beschreiben kann. Ich dachte mir: „Welches Wagnis bist du da eingegangen? Was erwartet dich? Du wirst künftig nicht nur einmal am Boden liegen."

❍ *Und lagen Sie später wieder am Boden?*

Als Priester nie, aber als Bischof häufig. Ich dachte damals, es wäre besser, überhaupt nicht mehr aufzustehen. Denn wenn wir aufstehen, beginnt für uns der Dienst, die rückhaltlose Hingabe für andere. Doch als die Litanei zu Ende war, hat mich die Priesterweihe sehr gestärkt. Von da an wusste ich, dass wir nicht mehr allein sind, sondern nur Wächter über Gottes Gaben, die wir an die Menschen weitergeben sollen, und dass Gott uns in dieser Situation nicht im Stich lassen wird.

❍ *Und dann die Primiz in Broschütz ...*

Es kamen Menschenmassen, fast das ganze Dorf war da. Wie es in Schlesien üblich ist, schickten wir allen Familien zunächst ein Stück Primizkuchen. Ich freute mich sehr darüber, dass meine Eltern und meine Großmutter bei der Priesterweihe und Primiz dabei waren, also jene Menschen, die während meines Studiums am meisten für mich gebetet hatten.

❍ *Wie kam es, dass Sie keine eigene Pfarrei zugeteilt bekamen?*

Nach der Priesterweihe wartete ich auf meine Ernennungsurkunde – so wie alle. Ich war gespannt, wo man mich hinschicken würde. Statt einer Ernennungsurkunde bekam ich aber eine Aufforderung zum Gespräch mit Bischof Franciszek Jop. Der Bischof erklärte mir, ich solle zum weiteren Fachstudium gehen. Die Professorenschaft aus Lemberg war schon im fortgeschrittenen Alter, und der Bischof wollte sich eigene Dozenten heranbilden. Ich bat ihn, er möge mich wenigstens für ein Jahr in eine Gemeinde schicken. Ich war sehr erschöpft. Ich träumte von dem arbeitsreichen, aber geordneten Leben eines Kaplans. Doch er blieb hart. Er meinte, wenn ich erst einmal die Seelsorge kennengelernt hätte, würde ich nicht mehr studieren wollen.

❍ *Welche Fachrichtung erwartete Sie?*

Ich hatte natürlich an meine geliebte Philosophie gedacht, doch diese war schon besetzt. Ähnlich war es in der Apologetik, die man heute Fundamentaltheologie nennt, wo es damals noch um eine rationale Verteidigung des Glaubens ging. Angesichts dessen schickte mich der Bischof zum Studium der Dogmatik, d.h. zum Studium der Glaubenswahrheiten und deren integraler Begründung. Den Lehrstuhl hatte Professor Wincenty Granat inne. Zunächst war ich sehr enttäuscht. Doch meine Zweifel wurden unerwartet beigelegt, nachdem ich in der Universitätsbibliothek Goethes „Gespräche mit Eckermann" entdeckt hatte. Ich öffnete das Buch wahllos und stieß auf den Satz: „Das Ende der Philosophie ist zu wissen, dass wir glauben müssen." Das war Zufall, aber Zufälle sind die Logik Gottes. Nun wusste ich, dass ich meine Begründung für das Studium gefunden hatte. Warum sollte ich vom Anfang, also von der Philosophie her beginnen, wenn ich doch vom anderen Ende, von der Theologie und vom Glauben ausgehen konnte? Als ich eine rationale Begründung dafür gefunden hatte, was ich zu tun hatte, war alles andere schon leichter.

❍ *Haben Sie der Seelsorge nie nachgetrauert?*

Der Bischof hatte mich davon überzeugt, dass ich nach meinem Studium nicht aufhören würde, der Seelsorge zu dienen, weil ich doch Erzieher für Priester sein sollte, also Seelsorger für die Seelsorger. Über einige Jahre teilte ich mir nun meine Zeit ein für Aufgaben an der Katholischen Universität Lublin und für Vorlesungen in Neiße. Darin hatte ich eine echte Quelle meines priesterlichen Glücks gefunden.

❍ *Hat sich die Gruppe der Oppelner Priester an der Katholischen Universität von den anderen unterschieden?*

Durchaus. Wir waren elf junge Leute und trugen keine Soutane, sondern gingen in Anzug, Hemd und Kollar. In Schlesien war das 1957 nichts Besonderes. In Lublin kam das überhaupt nicht gut an. Man sagte uns, so würden sich nur evangelische Geistliche kleiden. Professor Granat bat uns schließlich, in Soutane zu gehen und keine Ausnahme zu machen. Wir fügten uns.

❍ *Waren die Bedingungen schwierig?*

Und wie. Zu elft wohnten wir anfangs im Grunde genommen in einem Zimmer. Zwar handelte es sich um zwei Zimmer, aber dazwischen war keine Tür. Das Essen war wohl noch schlechter als im Seminar in Neiße. Wir waren weitgehend auf Hilfe von zu Hause angewiesen. Zum Elternhaus hatte ich damals ein besonderes Verhältnis, weil mein jüngerer Bruder beim Militär war. Die Briefe meiner Mutter an ihn gingen über mich, weil unsere Mutter das lateinische Alphabet nicht kannte, sie schrieb Sütterlin. Ich musste somit ihre Briefe übersetzen, abschreiben und an die Einheit meines Bruders weiterschicken. Ich wusste, dass der jüngste Sohn meiner Mutter besonders nahe stand. Leider schickte meine Mutter die Pakete an ihn ohne meine Vermittlung.

❍ *Sind Sie als junger Priester nach Broschütz gefahren?*

Natürlich. Ich beteiligte mich an allen Arbeiten, die zu Hause anfielen. Wenn jemand von meinen Geschwistern ein Haus baute oder renovierte, habe ich immer geholfen.

❍ *Und wie verlief das Studium?*

Ziemlich reibungslos. Meine Diplomarbeit schrieb ich über die Gotteserkenntnis bei Johannes Hessen, einem Kölner Religionsphilosophen. Gewöhnlich schrieb man die Diplomarbeit im dritten Studienjahr. Ich war schon in zwei Jahren damit fertig und trug sie zu Professor Granat hin. Sie zählte 180 Seiten. Er warnte mich, dass ich Geduld haben müsse, bis er Zeit fände, die Arbeit zu lesen. Zu meiner Überraschung ließ er mich schon am nächsten Tage rufen, lobte die Arbeit und meinte, dies sei eine völlig neue Sichtweise. So etwas kenne man in Polen nicht, und die Arbeit sei für eine Diplomarbeit zu schade. Er sagte, die Arbeit solle für meine Promotion dienen, und für die Magisterarbeit könnten wir den ersten Teil nehmen – über die Gotteserkenntnis bei Augustinus.

❍ *Sie haben damit einen großen Erfolg erzielt ...*

Als fleißiger Dozent in Neiße ...

... aber manchmal siegte der Schlaf.

... Dessen ich mich schämte. Ich habe niemandem erzählt, dass ich im zweiten Studienjahr bereits das Diplom hatte und eine schon fast fertige Doktorarbeit. Ich war der Auffassung, Kollegen, denen das Studium nicht so leicht fiel wie mir, würden darunter leiden und unter Druck geraten. Deshalb habe ich weder im Bischöflichen Ordinariat noch zu Hause davon erzählt. Ich wollte nicht aus der Reihe tanzen. Das ist wohl eine Charaktereigenschaft von uns Oppelner Schlesiern, dass wir in der Ecke sitzen und warten, bis man uns findet. Da sind die Schlesier aus der Kattowitzer Gegend schon viel durchsetzungsfähiger. Heute tut es mir leid, dass ich mein Diplom so lange verheimlicht habe. Mein Vater starb und wusste nichts davon. Schade, er hätte sich so gefreut.

❍ *Kam die Begeisterung für die Ökumene auch während des Studiums?*

Während der Studienzeit an der Katholischen Universität in Lublin erlebten wir mit großer Freude das II. Vatikanische Konzil. Das war eine große Wohltat, weil das Konzil den authentischen Katholizismus und seine universale Offenheit betonte. Es hob besonders hervor, dass wir alle – Katholiken, Orthodoxe und die Gläubigen der nachreformatorischen Kirchen – zwar anders glauben, aber an keinen Anderen. Das Konzil unterstrich auch die Tatsache, dass das Christentum „geerdet" ist, dass es die Welt und den Menschen liebt. Viele Jahre später hat Johannes Paul II. dies eindeutig bestätigt, als er sagte, der erste und fundamentale Weg der Kirche sei der Mensch. Das heißt, nicht der Mensch als Idee oder als Abbild, sondern ein jeder von uns, der geschichtliche Mensch.

❍ *Haben Sie an der Universität an Ihrer Liebe zur Literatur festhalten können?*

Ja. Ich hatte das Glück, dass sich Professor Granat, ein ungewöhnlich gebildeter Mensch, von der Literatur faszinieren ließ. Ich dachte eine Zeit lang sogar daran, meine Habilitation über das Werk des Dichters Cyprian Kamil Norwid zu schreiben. Sein Verständnis von Schönheit, die die Ausformung der Liebe ist und sein Freiheitsbegriff waren mir sehr nahe. Leider haben meine Vorgesetzten das nicht gewollt und rieten mir zu einer strikt theologischen Arbeit. Deshalb ging ich in die Richtung, die das Herz der Theologie ist – das Geheimnis von Jesus Christus. Ich dachte mir, dass man an Christus nicht vorbeikommt. Wenn man die Haltung „Ja" oder „Nein" einnimmt, muss man mit ihm in Berührung kommen. Und mein Interesse an der Ökumene ließ mich in Richtung Karl Barth schauen, den schweizerischen evangelischen Theologen, ein Mitglied der Bekennenden Kirche während des aufkommenden Nationalsozialismus. Als man in Deutschland Hitler über alles stellte, schrieb Barth in seiner Barmer Erklärung, dass es für den Christen nur einen einzigen „Führer" gebe, und das sei für alle Zeiten Christus. Dieses Verständnis hat mich fasziniert. So wurde Barth mir immer vertrauter. Schließlich schrieb ich meine Habilitation über den Einfluss von Karl Barth auf die katholische Christologie. Ich habe dabei aufgezeigt, dass große Theologen, wie Hans Urs von Balthasar oder Joseph Ratzinger, oft Formulierungen von

Karl Barth benutzten, wenn sie das Bild von Christus näher bringen wollten.

❍ *Und wer ist Christus für Sie selbst?*

Er ist die Sinngebung der gesamten Geschichte. Christus hat bewirkt, dass die Menschheitsgeschichte zur Heilsgeschichte wurde.

❍ *Den Menschen, die sich an Zeiten erinnern, als man die Geschichte von der Kette ließ, fiel es gewiss schwer anzunehmen, dass Christus die Sinngebung der Geschichte ist. Frage: Wo war er in Auschwitz?*

Dort hat man Christus nicht zugelassen. Aber ohne die erlösende Liebe Gottes gibt es überhaupt keine Erleuchtung, keine Sinngebung von Verbrechen und Opfer. Nur die theologische Vision kann etwas Licht in diese Tragik bringen, aber auch sie kann diese Tragik nicht endgültig auflösen. Nicht Christus hat sich von Auschwitz ausgeschlossen, sondern die Menschen und die Ideologie haben ihn von diesem Ort ausgeschlossen. Für die Ideologie ist sozusagen das etwas wesentlich. Für den Glauben ist es jemand. Wichtig ist der Dialog zwischen den Menschen, zwischen Mensch und Gott. Selbst ein Glaube, der zur Ideologie wird, endet letztlich auf dem Scheiterhaufen. Zunächst verbrennt man Bücher, dann Menschen. Aber das ist nicht mehr der biblische Glaube. Das ist ein ideologisierter Glaube. Aber zurück zu Auschwitz – wo war damals Christus? Am Kreuz!

❍ *Sie haben Ihren priesterlichen Dienst in einer Zeit begonnen, als man gegen die Kirche kämpfte. Wie waren Ihre Erfahrungen mit dem Geheimdienst?*

Schon als junger Priester musste ich ziemlich häufig mit den Funktionären reden, vor allem dann, wenn ich mich um einen Reisepass bemühte, bzw. wenn ich diesen wieder zurückgab.

Mit Freunden beim Picknick.

Als man mir in Neiße über mehrere Jahre den Pass verweigerte, wo ich im Priesterseminar unterrichtete, meldete ich mich in Lublin an. Ich dachte, dort bekäme ich den Pass schneller. Die Herren des dortigen Geheimdienstes taten so, als wollten sie mir den Pass auch geben. Als ich die Vorladung zur Abholung erhielt, hat mir jener Herr keine direkten Angebote gemacht, er suggerierte nur, dass ich ihnen gefällig sein könnte, wenn ich den Pass bekäme. Da sagte ich dem Geheimdienstler, dass ich zwar ins Ausland reisen möchte, aber nicht um jeden Preis, und dass ich mir das nicht gefallen ließe. Ich brach das Gespräch ab und verweigerte die Annahme des Passes unter welchen Bedingungen auch immer. Weder damals noch irgendwann später habe ich irgendetwas unterschrieben. Der Beamte lachte zynisch, nahm meinen Pass und las meinen Namen laut vor. „Na ja, Nossol mit zwei ‹s›," fügte er hinzu. Darauf reagierte ich mit den Worten: „Genauso wie Marschall Rokossowski" und verlies den Raum. Ich meldete mich wieder nach Neiße um und wartete weitere Jahre auf den Pass.

❍ *Erzbischof Józef Życzyński erzählte einmal, dass ihm der Beamte des Geheimdienstes, der ihm den Reisepass für die USA aushändigte, Schnapsgläser als Geschenk für Freunde angeboten habe. Haben Sie auch solche Angebote bekommen?*

Mir hat man niemals etwas angeboten, weder eine Zusammenarbeit noch Geschenke. Ich musste auch niemals – ich wiederhole – niemals etwas unterschreiben. Ich hatte die Angewohnheit, bei Gesprächen mit diesen Herren schon an der Tür zu sagen, dass ich alles, worüber wir sprächen, sofort meinem Bischof erzählen würde. Das hat mich wohl vor unlauteren Angeboten verschont. Die Herren ärgerten sich über meine Loyalitätserklärung gegenüber dem Bischof. Sie versuchten, mir klar zu machen, dass ich weder denken noch selbständig handeln könne, aber ich sagte ihnen, dass ich im Dienst der Kirche stehe.

❍ *Haben Sie später, schon als Bischof, von Ihren Priestern auch solche Berichte verlangt?*

Aber natürlich. Ich habe auch immer die Priester, die etwas auf dem Gewissen hatten, gebeten, falls bei ihnen etwas vorlag, was mit dem priesterlichen Dienst unvereinbar war, mir dies ganz offen zu sagen. Den Priestern machte ich klar, dass sie das vor Erpressung seitens des Geheimdienstes verschonen würde. Selbst wenn so ein Geheimer einem Priester damit drohte, er würde den Bischof über seine Verfehlungen informieren, konnte der Priester völlig gelassen sagen, dass der Bischof dies längst wüsste.

❍ *Hat Sie der Geheimdienst auch während Ihrer Arbeit an der Katholischen Universität in Lublin belästigt?*

Als ich 1977 zum Bischof von Oppeln ernannt wurde, rief jemand aus Warschau bei mir an und wünschte ein Treffen mit mir. Ich entgegnete, dass ich im Lubliner Konvikt wohne und dort erreichbar sei. Der Funktionär kam und gab mir zu verstehen, dass er Einfluss auf meine Ernennung nehmen könne und titulierte mich sofort als „Dozent“. Ich sagte ihm, dass ich über die Absicht des Papstes, mich zum Bischof von Oppeln zu machen, schon seit drei Monaten von Primas Wyszyński wüsste. Er war darüber sichtlich erstaunt, weil er meinte, er verkünde mir etwas Neues. Ich scherzte und sagte, dass er somit doch nicht alles wisse, denn meine Habilitation warte seit langem auf ihre staatliche Bestätigung. Deshalb sei ich – jetzt jedenfalls – kein Dozent. Er war verlegen, wurde rot und verabschiedete sich schnell. Nach drei Tagen kam die Bestätigung meiner Habilitation.

❍ *Wurden Sie später als Bischof auch zu Gesprächen vorgeladen?*

Nein. Den Reisepass holte mein Sekretär für mich ab, somit gab es – Gott sei Dank – keine Gelegenheit mehr für Gespräche. Was nicht bedeutet, dass ich nicht observiert wurde. Der für mich zuständige Sicherheitsbeamte wohnte direkt gegenüber meinem Ordinariat, so dass er mir ins Fenster schauen konnte. Es fielen auch – wohl aus seinem Fenster – zweimal Schüsse in Richtung meiner Wohnung. Zum Glück war niemandem etwas passiert. Als ich den zweiten Schuss bei der Miliz anzeigte, haben Fachleute genau ausgemessen, woher der Schuss wohl kommen konnte. Einen Täter fand man nicht. Als Bischof wusste ich, dass ich observiert und meine dienstlichen Telefone abgehört wurden. Kürzlich erfuhr ich, dass sich sogar in der Deckenlampe meines Arbeitszimmers eine „Wanze“ befunden hatte. Als die polnischen Bischöfe nach Oppeln kamen, haben ihre Chauffeure entdeckt, wie genau wir beobachtet wurden. Es stellte sich heraus, dass die Sender unserer „Beschützer“ auf Kurzwelle sendeten, ähnlich den Frequenzen in den Autos. Plötzlich hörte der eine Fahrer anstelle des Radioprogramms eine Meldung eines Geheimen: Jetzt betritt Eins das Ordinariat, hinter ihm geht Nummer zwei.

❍ *Und wer waren dieser Nummern?*

Nummer „eins" war Kardinal Wyszyński, und Nummer „zwei" war Kardinal Wojtyła...

❍ *Unser heutiges Gespräch findet rund 50 Jahre nach Ihrer Priesterweihe statt. Wie verlief das Schicksal der anderen Priester Ihres Weihejahrgangs?*

Früher traf sich unser Jahrgang alle fünf Jahre. Seit dem 40. Jahrestag unserer Weihe treffen wir uns jährlich. Es sind schon 25 von uns verstorben. Ein Drittel ist in den Westen gegangen. Ihre Umsiedlung war sehr sinnvoll, weil viele Gläubige von hier nach Deutschland ausgereist sind. Einen Schlesier im durchrationalisierten Westen zu verstehen, ist nicht gerade leicht. Deshalb waren die Priester, die umgesiedelt sind, das Bindeglied zwischen der alten Diözese und den neuen Diözesen, in die sie gekommen sind. Sie sind Brücken zwischen der Kultur des Ostens und des Westens.

❍ *Wie haben Sie erfahren, dass Sie nach dem Tode von Bischof Jop neuer Bischof von Oppeln werden sollten?*

Ich war gerade zu Gastvorlesungen an der Universität Mainz. Das war für mich eine wissenschaftlich und menschlich sehr glückliche Zeit. Unverhofft erreichte mich ein Telegramm, dass ich mich unverzüglich in wissenschaftlichen Angelegenheiten bei Primas Wyszyński einzufinden habe. Nicht einen einzigen Augenblick dachte ich daran, dass es sich dabei um eine Bischofsernennung handeln könnte. Eher vermutete ich, jemand habe mich angeschwärzt, dass ich in meinen Lubliner Vorlesungen etwas nicht Rechtgläubiges gesagt hätte. Der Primas begann das Gespräch damit, dass er ausführte, die Diözese Oppeln sei verwaist. Und dann verkündete er mir, Papst Paul VI. sehe mich in der Rolle des Bischofs von Oppeln.

❍ *Was haben Sie dabei empfunden?*

Es war wie ein Blitz aus heiterem Himmel.

❍ *Und was haben Sie dem Primas geantwortet?*

Dass das Bischofsamt weder die Quelle meines persönlichen Glücks sein werde, noch zum Glück meiner Gemeinde beitragen werde, weil ich über keinerlei Erfahrung in der Seelsorge verfüge. Doch der Primas blieb hart und fand, dass meine Argumente unwesentlich seien.

❍ *Und Sie haben auch nicht nachgegeben?*

Ich habe bis zum Schluss gekämpft. Das war keine Koketterie von mir. Ich wollte wirklich nicht Bischof werden. Ich hatte und habe bis heute nicht die Überzeugung, dass dies meine wahre Berufung ist. Ich habe Kardinal Wyszyński damals gesagt, ich sei kein guter Kandidat, weil ich zu sehr vom schlesischen „Synthetismus“ durchdrungen sei. Die Religiosität in Schlesien sei eine etwas andere als in anderen Teilen Polens. Wir hatten z.B. in den Kirchen niemals nationale Symbole, Fahnen, oder politische Embleme. Wir hängten solche weder an Kirchen noch in den Kirchen auf, auch nicht in der Nazizeit, weil das eine Beleidigung der Kirche sei. Ich warnte den Primas, dass ich zwar nicht antipolnisch eingestellt sei, aber ich würde die Gläubigen nicht zu einer patriotischen Propaganda anhalten können. Bei allen diesen Gesprächen führte ich aus, dass ich vermutlich kein authentischer polnischer Bischof sein könne, und ich würde mich nicht instrumentalisieren lassen.

❍ *Wie viel solcher Gespräche hat es mit dem Primas gegeben?*

Drei. Bei allen Gesprächen bat ich ihn, er möge mich in der Kirche als Theologe und Theoretiker wirken lassen, nicht aber als Praktiker, weil ich noch nie ein Praktiker gewesen sei, nie als Kaplan oder Pfarrer gewirkt habe, und als Theologe würde ich unabhängiger sein können.

❍ *Wie hat der Primas auf diese Argumente reagiert?*

Er sagte, wenn ich schon nicht ein polnischer Bischof sein könne, dann sollte ich eben ein Oppelner Bischof werden. Da griff ich – wie mir schien – zu meinem überzeugendsten Argument. Ich gestand ihm, dass mein Vater und meine Brüder in der Wehrmacht gedient hätten und sagte, die Menschen des Oppelner Landes, die durch die Deutschen gelitten hatten, könnten mich vielleicht deswegen nicht akzeptieren.

❍ *Und wie hat er darauf reagiert?*

Er hielt das Argument immerhin für so wichtig, dass er mir versprach, darüber mit Paul VI. zu sprechen. Das entscheidende Gespräch sollte in zwei Wochen in Rom stattfinden.

❍ *Und wie reagierte der Papst?*

Der Papst war der Meinung, dass ich nicht daran schuld sei, dass mein Vater und meine Brüder bei der Wehrmacht gewesen seien. Er sagte, selbst wenn manche Leute das nicht verstünden, sollten wir das Wagnis eingehen. Der Papst war davon überzeugt, dass Oppeln einen Bischof der drei Kulturen brauche: der polnischen, deutschen und mährischen, der alle respektierte und sie mit einander zu einen vermöge. Den Willen des Papstes übermittelte mir der Primas mit den knappen Worten: „Junge, es ging nicht" und fügte hinzu, er werde mich immer unterstützen. Und dann wollte er schnell den Weihetermin festlegen. Und ich dachte: O Gott, so spät wie möglich.

❍ *Sie haben also das Bischofsamt weiterhin von sich gewiesen ...*

Ich hoffte darauf, dass sich noch etwas Unerwartetes ereignen würde. Aber der Primas machte Druck, dass die Bischofsweihe noch im Juni stattfinden sollte. Er wollte sogar meinen Vertrag mit der Mainzer Universität deshalb aufkündigen. Damit konnte ich nicht einverstanden sein. Ich musste doch meine Vorlesungen beenden und in dem Seminar, zum dem 30

Personen kamen, saßen nur 11 Theologen, außerdem Chemiker, Physiker, Mediziner, sogar Sportstudenten. Alle schrieben an ihren Seminararbeiten. Wenn ich plötzlich abgereist wäre, hätten sie zwei Semester verloren. Ich konnte sie nicht enttäuschen und meinen neuen Dienst mit einem belasteten Gewissen antreten.

❍ *Und wie ging es weiter?*

Der Primas schlug vor, er würde mich vor dem Gnadenbild der Schwarzen Madonna in Tschenstochau zum Bischof weihen. Da sagte ich, wenn die Weihe schon sein müsse, dann in Oppeln. Oppeln habe eine Kathedrale, also sei das der richtige Ort für die Weihe. „Du willst also nicht in der Kapelle der Königin Polens geweiht werden!" meinte der Primas. Ich entgegnete, dass er mir soeben versprochen hatte, er würde mich immer verstehen, und schon jetzt verstünde er mich nicht. Der Primas versicherte, dass er nur gescherzt habe. Er entschuldigte sich sogar für diesen Scherz und bat mich nochmals, über den Weihetermin nachzudenken. Ich schlug daher den Tag des hl. Hyazinth vor, weil ich wusste, dass das Fest erst im August war. Wir einigten uns also als Termin auf den 17. August in Oppeln.

❍ *Waren Sie da schon mit dem Wunsch des Papstes versöhnt?*

Immer noch suchte ich nach einer Möglichkeit, um dem Bischofsamt zu entrinnen. Ich war aber auch sehr erschöpft von diesen inneren Kämpfen. Um so mehr, als das Verfahren bei einer Bischofsernennung vertraulich stattfindet. Ich konnte mich niemandem anvertrauen, dass ich derart unter Druck stand. Schließlich kam ich auf den Gedanken, alles meinem Onkel zu erzählen, der als Salesianer in Schweden arbeitete, und den ich während der Ferien über viele Jahre immer vertreten hatte. Ich fuhr zu ihm nach Köln, wo er gegen Ende seines Lebens wohnte. Er war krank, und ich wusste, dass er nicht mehr lange zu leben hatte. Zudem dachte ich, wenn wir schwedisch sprechen, würde uns niemand abhören können und das Geheimnis würde gewahrt bleiben. Ich wusste, dass er schweigen konnte wie ein Grab, und ich suchte unbedingt nach einem Sinn in meiner neuen Rolle.

❍ *Hat der Onkel einen Sinn gefunden?*

Ja, wenngleich gänzlich anders als von mir erwartet. Im Gespräch mit ihm betonte ich immer wieder, ich würde doch der Kirche dienen wollen, aber mit Hilfe der Wissenschaft, denn der Dienst als Bischof würde mir nicht so viel Freude bereiten wie die Wissenschaft, die doch die Quelle meines priesterlichen Dienstes sei. Ich sagte dem Onkel, die von mir betriebene Theologie, mit der ich weitermachen wollte, sei schließlich für mich im höchsten Grade eine humanistische Wissenschaft, weil sie dazu beitrage, dass der Himmel über uns für immer offen bleibe. Mein Onkel hörte mir aufmerksam zu und dann wechselte er plötzlich ins Deutsche über und schimpfte: „Hör mit deiner beschissenen Wissenschaft auf! Hat sie schon jemals jemanden erlöst? Du hast eine schwierige Aufgabe vor dir, aber du hast doch deshalb so viel studiert, um anderen zu dienen! Du musst gehorsam sein!“ Ich gebe zu, dass ich einen solchen Rat nicht erwartet hatte. Aber ich ließ mich überzeugen. Ich erinnerte mich daran, dass ich einige Jahre zuvor das Angebot bekam, in Schweden zu bleiben und in der Diözese Stockholm zu arbeiten. Mein Onkel sagte damals zu mir, wenn ich das täte, würde er den Kontakt zu mir abbrechen. Das war hart, ganz nach skandinavischer Art. Aber zu meiner Bischofsweihe kam er, und ich habe ihn in der Kathedrale sogar auf Schwedisch begrüßt. Der Primas wunderte sich darüber. Im Scherz sagte ich dann zu ihm, dass der Onkel mich auf „schwedische Art“ enttäuscht hatte.

❍ *Wie haben Ihre Angehörigen und Freunde reagiert, als in den Kirchen verkündet wurde, Professor Alfons Nossol wird neuer Bischof von Oppeln?*

Kathedrale in Oppeln. Kardinal Stefan Wyszyński überreicht Alfons Nossol den Bischofsring.

Das weiß ich nicht. Ich war damals überhaupt nicht in der Diözese. Absichtlich bin ich noch in Mainz geblieben, obwohl die Vorlesungen schon zu Ende gingen. Ich schaffte es sogar noch, im Krankenhaus eine Chemiestudentin zu prüfen, die sich im Studentenwohnheim mit kochendem Wasser verbrüht hatte. Die dortigen Studenten wunderten sich sehr, dass ich ihr eine solche Möglichkeit einräumte. Sie wussten sicher nicht, was mich in Wirklichkeit quälte. Von Mainz fuhr ich nach Freiburg, wo ich im Sanatorium den dortigen Hausgeistlichen vertrat. Ich habe mich gänzlich abgeschottet, aber mich psychisch nicht entspannt. Das Damoklesschwert des neuen

Dienstes hing fortwährend über mir. Zudem stellte sich noch heraus, dass ich wegen meiner Tätigkeit in Mainz, die weniger als ein Jahr dauerte, eine Steuerrückerstattung zu beanspruchen hatte. Der Finanzbeamte, der mich empfing, ein gebürtiger Evangelischer aus Breslau, sagte mir, es müsse ein wichtiger Grund vorliegen, dass ich meine Tätigkeit in Deutschland zwei Wochen vor Jahresablauf aufgebe, z.B. ein Unglück in der Familie. Ich sagte ihm, das Unglück betreffe weniger die Familie, sondern eher die Öffentlichkeit. Er nickte verständnisvoll mit dem Kopf und stellte mich von der Steuer frei. Für das erstattete Geld kaufte ich mir einen Fiat 132 und fuhr damit nach Polen zurück.

❍ *Wie haben Ihre Angehörigen von Ihrer Bischofsernennung erfahren?*

Von der Kanzel in der Kirche, wie alle anderen. Es tat ihnen etwas leid, dass ich es ihnen nicht früher gesagt hatte. Mir tat es auch leid, aber die Diskretion war hier vorrangig. Mutter, Vater und Großmutter waren nicht mehr auf dieser Welt. Sie hätten am meisten darunter gelitten. Ganz sicher haben sie mir aus dem Himmel beigestanden.

❍ *Da Sie nicht Bischof werden wollten und dies auch dem Primas offen sagten, wer hat Ihrer Meinung nach die letzte Entscheidung getroffen?*

Vermutlich allein Rom. Der Papst verlangte wohl vom Primas, dass in Oppeln jemand Bischof würde, der aus diesem Land stammte, der es verstehe, die Menschen zusammenzubringen und sowohl von den Schlesiern als auch von den Zugezogenen akzeptiert würde. Dabei half, dass ich durch die Katholische Universität in Lublin schon als Lehrer und Professor bekannt war. Die Nicht-Schlesier sollten mich – nach Meinung des Papstes – eben als Wissenschaftler und Erzieher akzeptieren, und die Schlesier als ihren Landsmann.

„Für die Gnade dieses Tages kann ich Gott nicht danken" – sagte der neuernannte Bischof über sein Amt, was Kardinal Wyszyński sehr befremdete.

❍ *Welche Erinnerungen haben Sie an die feierliche Bischofsweihe?*

Ich muss zugeben, dass ich selbst dann, als ich schon die offizielle Ernennungsurkunde vom Primas hatte, keine besonderen Vorkehrungen für die Feier getroffen habe. Im Ordinariat sagte ich, sie sollten einladen, wen sie wollten, ich würde mich da nicht einmischen. Zur Feier in die Kathedrale ging ich immer noch wie vor den Kopf gestoßen. Als ich nach der Kommunion zum ersten Mal als Bischof sprach, beschloss ich, ganz ich selbst zu bleiben. Ich sagte, es falle mir nicht leicht, von der Kathedra für Dogmatik an der Universität auf die bischöfliche Kathedra im Dom zu wechseln, der überdies noch dem Kreuz Christi geweiht sei. Deshalb könne ich dem lieben Gott für diese Gnade nicht danken. Ich dankte nur jenen, die mich zum Bischof bestimmt hatten, dem Heiligen Vater und dem Primas, der mich in die ersten Gepflogenheiten des bischöflichen Dienstes eingewiesen hatte. Gott bat ich, er möge aus einem Theoretiker einen Praktiker machen, und mich lehren, ein Seelsorger zu werden, der ich bislang nicht war.

❍ *Und wie hat Kardinal Wyszyński darauf reagiert?*

Ich denke, der Satz, dass ich Gott nicht danke, ihn verletzt hat. Der Primas, der schon ernsthaft krank war, und dem die Ärzte verboten hatten zu reden, erhob sich plötzlich und ergriff das Wort. Er hob hervor, wie schön in der Kathedrale schlesisch gesungen wurde, wie froh und voller Gebet die Atmosphäre in der Liturgie gewesen sei. Er hatte Recht. Der einzige Mensch, der an diesem Tage nicht froh war, bin ich selbst gewesen. Und der Primas führte aus: „Mein lieber Junge, wenn du traurig bist, dann komm hierher in den Dom und lausche, wie dein Gottesvolk singt und betet, es wird dich geistig mitreißen. Ich schicke dich nicht ans Ende des Vaterlandes. Du wirst Bischof unter den Deinen sein, zu Hause." Er hat sich damals sehr bemüht, mich aufzurichten.

Mit Papst Paul VI. und Primas Stefan Wyszyński. Dem Papst lag viel daran, dass Alfons Nossol Bischof von Oppeln wurde.

❍ *Und wie gestalteten sich Ihrer beider Beziehungen weiterhin?*

Er war sehr wohlwollend mir gegenüber, wenngleich wir schon in der zweiten Sitzung der Bischofskonferenz, an der ich teilnahm, aneinander gerieten. Wir diskutierten die Frage der Zulassung von Laien als Kommunionhelfer. Der Primas war der Auffassung, dass Rom das zwar wolle, aber in Polen solche Kommunionhelfer nicht nötig seien. Ich war der einzige, der für die Kommunionhelfer stimmte. Ich begründete dies am Beispiel meiner Heimatgemeinde, in der die Kommunionausteilung in der Christmette bei kalter Kirche etwa 40 Minuten dauerte, und dass solche Helfer sehr sinnvoll wären, zumal die Kirche uns ein solches Geschenk gewähre. Und ich berichtete, dass ich in Frankreich erlebt hatte, wie in Paris die Kommunion von einer Ärztin den Kranken ins Krankenhaus gebracht wurde. Das hatte mir sehr gefallen und ich bemühte mich, den Primas davon zu überzeugen, dass wir auf die Bestellung von Kommunionhelfern nicht verzichten sollten. Der Kardinal verschob die Entscheidung, und die Frage kam zu seinen Lebzeiten nicht wieder auf die Tagesordnung der Bischofskonferenz. Als Erzbischof Glemp sein Nachfolger wurde, ließ er durch mich eine integrale Vorlage mit Argumenten für die Bestellung von Kommunionhelfern ausarbeiten. Bei der Abstimmung haben sich wohl nur sieben Bischöfe enthalten. In der Diözese Oppeln haben wir diese Kommunionhelfer eingeführt, sobald das möglich wurde. Heute haben wir davon über zweitausend.

❍ *Und wie sah die erste Begegnung mit Paul VI. in Ihrer neuen Rolle aus?*

Wir waren zu Dritt bei ihm, die beiden Kardinäle, Wyszyński und Wojtyła und ich. Paul VI. sah mich an und sagte: „Ach, das ist Bischof Nossol. Er ist wohl der schmächtigste Bischof im polnischen Episkopat..." Ich dachte mir im Stillen, der Papst sieht auch nicht gerade viel dicker aus. Der Heilige Vater bat mich, noch zu bleiben, und fragte mich, in welcher Sprache ich mit ihm sprechen möchte. Ich entschied mich für das Französische. Der Papst beauftragte mich, eine Lösung für die 182 Priester zu finden, die aus der Diözese Oppeln nach Deutschland gegangen waren. Ich erlaubte ihnen daraufhin – sofern sie dies wollten – sich in die neue Diözese einzugliedern, in der sie lebten, damit sie nicht weiterhin als „Flüchtlinge" galten. Vorher war es so, dass ein Priester aus Polen, der ohne Erlaubnis seines Bischofs wegblieb, automatisch suspendiert wurde. Der Bischof seines neuen Aufenthaltortes gab ihm deswegen eine Buße auf und beschäftigte ihn dann in seiner Diözese. Doch die betroffenen Priester fühlten sich bei diesem Verfahren nicht glücklich. Ich sah das so: da ja schon so viele Leute aus der Diözese nach Deutschland umgesiedelt waren, konnten auch Priester von hier umsiedeln, um unter ihnen Dienst zu tun. Nachdem wir das Problem gelöst hatten, hörten diese „wilden" Ausreisen von Priestern auf. Wer wollte und dafür einen vernünftigen Grund vorbringen konnte, durfte fortan legal ausreisen. Nur in wenigen Fällen, wo ich wusste, dass ein Priester mit den Aufgaben in der westlichen Kirche, die in einer gänzlichen Freiheit arbeitet, nicht fertig würde, habe ich die Erlaubnis für die Umsiedlung abgelehnt.

❍ *Sie haben einmal gesagt, Sie seien ein sehr glücklicher Priester, aber nicht ein besonders glücklicher Bischof. Warum?*

Das Bischofsein ist für mich weiterhin eine unglaublich schwierige Sache. Am schwierigsten ist die Tatsache, dass ich andere Menschen beurteilen muss. Jede Beschwerde, ob gegen einen Priester oder gegen ein Pfarrkind, landet letztlich bei mir. Und ich muss die Verantwortung für alle Entscheidungen übernehmen. Das ist wirklich nicht leicht. Immer spüre ich eine innere Unruhe, wenn ich einen Priester rasch in eine andere Pfarrei versetzen muss, weil sein Verbleiben zu einem Skandal oder einem scharfen Konflikt in der Gemeinde führen könnte. Ich bin mir dessen bewusst, dass es äußerst schwierig ist, einen Menschen objektiv und gerecht zu beurteilen. Vieles an Motiven und Gründen bleibt ein Geheimnis. Deshalb lassen sich einerseits Fehlurteile nicht vermeiden und andererseits ist es nicht leicht, sich mit Fehlern abzufinden.

❍ *Papst Paul VI. hat es wohl richtig eingeschätzt, dass Sie als Bischof zum Zusammenhalt der Menschen im Oppelner Land beitragen würden. Das ist doch vorzüglich gelungen. Kürzlich wurden wir Zeuge eines Gesprächs in einem Laden, wo sich Einwohner von Oppeln, die ihrer Sprachmelodie nach aus dem Osten stammten, kritisch über Politiker und ihre Geltungssucht äußerten. Sie sagten, bei uns in Oppeln sei das anders, weil hier der Erzbischof alles glättet und zusammenhält. Freuen Sie sich über solche Äußerungen?*

Im Grunde ja. Wenngleich ich mir dessen bewusst bin, dass sich hier jeder Priester an meiner Stelle, hier in diesem Land, für Versöhnung einsetzen müsste. Die Zugehörigkeit zu dieser

Region ist eine Gnade. Und jeder müsste auf diese Gnade eingehen, und sich dem nicht versagen. Johannes Paul II. sagte auf dem Annaberg, dass „dieses Land immerfort eine vielfältige Versöhnung braucht." Hier liegen weiterhin verschiedene versteckte Minen herum. Man muss sie entschärfen. Das muss auch der Bischof tun, wer immer er ist.

❍ *Mit diesem Entschärfen von Minen kommen Sie ganz gut zurecht.*

Ich kann aber nicht vergessen, dass die meisten chauvinistischen Vorwürfe gegen mich, die einen nationalen Hintergrund haben, vor allem gegen mich als Bischof vorgebracht wurden.

❍ *Denken Sie dabei an die Aufschriften „Nossol nach Berlin" zu Beginn der 90-er Jahre?*

Diese Aufschriften waren noch nicht das Schlimmste. Sie wurden übrigens durch Dr. Arnold Drechsler, unseren Caritasdirektor, „entschärft", der bei einem dieser Schriftzüge hinzufügte: „um Medikamente und medizinisches Gerät zu holen." Die Polizei nahm ihn fest, weil sie meinte, endlich den gefasst zu haben, der gegen mich Beleidigungen schreibt. Ich konnte den Irrtum aufklären. Mehr gekränkt haben mich Anrufe mit Drohungen. Vor allem nach der Versöhnungsmesse in Kreisau: „Du Nazi, raus aus Oppeln, oder wir räuchern dich aus" – wurde ins Telefon gebrüllt. Ganze Memoranden mit Anschuldigungen wurden mir zugeschickt, in denen mir vorgeworfen wurde, ich trete die heimische Kultur mit Füßen und missachte die nationale Würde. Es handelte sich dabei um Briefe, die mit Vor- und Zunamen unterschrieben waren, ihre Verfasser kamen auch ins Ordinariat, um mich persönlich anzugreifen. Ein Oppelner beschimpfte mich sogar dafür, dass ich den heiligen Hyazinth einen Schlesier und Europäer genannt habe, und nicht direkt betonte, dass er Pole war. Die Kritik, dass ich prowestlich und ein Polenfresser sei und mich angeblich nicht um die eigene Nation kümmere, drang sogar bis zu Weihbischof Bagiński. Auch der

Pfarrer der Kathedrale, Herr Baldy, erhielt Schriftsätze gegen mich. Man rechnete damit, dass man zwischen uns einen Keil treiben konnte, weil der Pfarrer kein Schlesier war. Als Herr Baldy diesem Schreiberling antwortete, dass es für Hass in der Kirche keinen Platz gebe, wurde er als Feind gebrandmarkt, den der „prodeutsche" Bischof auf seine Seite gezogen habe.

❍ *Ist es nicht so, dass Sie für extreme Deutsche zu wenig deutsch und für extreme Polen zu wenig polnisch waren?*

So war es. Es kamen auch Angriffe aus den Reihen der deutschen Minderheit. Zu Beginn der 90-er Jahre kam einer der Wortführer der Minderheit zu mir und verlangte mit Nachdruck deutsche Gottesdienste. Aufdringlich meinte er, ich sei zu solchen Gottesdiensten verpflichtet. Doch er sprach polnisch. Als ich ihm nahe legte, seine Wünsche schriftlich in deutscher Sprache zu formulieren, war er schnell verschwunden und tauchte nie wieder auf. Er wollte nicht begreifen, dass alles seine Zeit hat, dass man die Eucharistie weder politisieren noch ideologisieren darf, um einen Stein des Anstoßes daraus zu machen.

❍ *Sind Sie auch Handgreiflichkeiten ausgesetzt gewesen?*

Am Platz des hl. Sebastian wurde ich einmal von einem Grüppchen belästigt. Sie sahen angetrunken aus oder standen unter Drogen. Einer von ihnen beschimpfte mich als Nazi und spuckte vor mir aus. Als ich die Osmańczykstraße weiter ging und nicht darauf reagierte, ergriff einer von ihnen einen Knüppel und rannte hinter mir her. Ich ging festen Schrittes entschlossen weiter, aber er holte mich ein. Ich drehte mich um, erhob die Faust, um ihn zu erschrecken, und rief: Na, komm, mein Lieber. Er blieb stehen, schaute sich um, und als er sah, dass wir allein waren, machte er kehrt. Er tat das Richtige, sonst hätte ich ihm wohl eine gelangt. Mit einem Wort, meine Mutter hatte Recht behalten, die immer sagte, als ich noch im Seminar war,

Beim Weihnachtsbesuch im Oppelner „Bethlehem".

es werde nicht leicht sein, alle zufrieden zu stellen, denn der Priester müsse für alle da sein. Besonders der Bischof.

❍ *Haben Ihnen die staatlichen Behörden auch Überraschungen bereitet?*

Eine Überraschung hatten sie für mich bald nach meiner neuen Amtsübernahme parat, so nach dem Motto „divide et impera". Zusammen mit Weihbischof Wacław Wycisk, der zwischen dem Tod von Bischof Jop und meiner Ernennung als Kapitelsvikar die Diözese leitete, war ich nach Rom zum „ad limina"-Besuch unterwegs. Auf dem Wege dorthin sollte ich in Warschau im Amt für Kirchenfragen erscheinen, um im Einvernehmen mit dem Primas die damals obligatorische Unterschrift zu leisten, dass ich als Ordinarius keinerlei oppositionelle politische Tätigkeit gegen die Volksrepublik Polen unternehmen werde. Mit mir sollte auch Bischof Wycisk in dem Amt erscheinen. Kurz vor Warschau sagte mir der Bischof, dass man ihm in Anerkennung seiner Verdienste einen Orden verleihen wolle. Ich empfand das als eine Provokation. Die kommunistischen Behörden verfügten angeblich über Informationen, dass der Weihbischof damit gerechnet hatte, selbst Bischof von Oppeln zu werden. Nun sollte er in Gestalt des Ordens so eine Art Trostpflaster bekommen. Ich war der Überzeugung, der Bischof würde sich kompromittieren. Wenn er den Orden vom Kirchenminister angenommen hätte, würde er als Kollaborateur angesehen werden, vor allem in Kirchenkreisen. Bis kurz vor Warschau betete ich zum Heiligen Geist und suchte nach einem Ausweg aus dieser Situation.

❍ *Wie ging das aus?*

Ich habe dem Bischof plausibel gemacht, dass er die Auszeichnung nicht annehmen solle. Als wir im Arbeitszimmer des Ministers waren, habe ich die Formalitäten erledigt und wollte mich rasch verabschieden. Doch der Minister bot noch einen Kaffee an und sagte, er habe noch eine „Überraschung" für den Weihbischof für dessen vorbildliche Arbeit in Schlesien. „Ich hoffe – so wandte er sich an mich – das Sie jetzt als sein Ordinarius nichts dagegen haben werden, wenn wir ihm einen Orden überreichen." Ich entgegnete, dass ich damit absolut nicht einverstanden sei. Wie solle das denn aussehen: der Weihbischof mit Orden und ich als Ordinarius, noch ein Grünschnabel, ohne Orden. Wie solle ich das meinen Priestern erklären? Der Sekretär des Ministers machte eine vielsagende, theatralische Miene und flüsterte seinem Chef zu: „Habe doch gesagt, wir sollten für alle Fälle zwei Orden vorbereiten." „Nein – sagte ich – ich möchte keinen Orden erzwingen, das ist so als ob man den Senf nach dem Essen servieren würde." Wir tranken also den Kaffee und der Orden blieb im Ministerium.

❍ *Sie als Erzbischof empfangen in Ihrem Ordinariat täglich Besucher direkt von der Straße, ohne Audienzen festzusetzen oder sich bei Ihrem Sekretär anmelden zu müssen. Eine ähnliche Praxis hatte in Krakau Kardinal Wojtyła.*

Das war mir nicht einmal bekannt. Ich weiß jedoch, dass ein Bischof zu dienen hat, und das bedeutet, er darf keine Barrieren aufrichten und keine besonderen Audienzen ansetzen. Zum Bischof darf jeder kommen, der ein Problem hat. Das konnte ein gewisser General vom Geheimdienst nicht begreifen, der nicht wie alle kommen, im Warteraum Platz nehmen und ein Weilchen warten wollte, bis jene vorgelassen waren, die vor ihm da waren. Ich bin ihm nie bei einer „Audienz" begegnet.

❍ *Mit welchen Anliegen kommen die Oppelner zu Ihnen?*

Sie kommen wirklich mit allem. Während des Kriegszustands kam es vor, dass sich Leute über ihren Pfarrer beschwerten, weil sie meinten, der Pfarrer habe sie bei der Verteilung der Spenden benachteiligt, weil sie z.B. ein weiteres Mal Vanillepudding bekamen und die Schokolade an andere ging.

❍ *Wie reagieren Sie, wenn jemand um Protektion bittet?*

Es ist vorgekommen, dass ein Vater mich bat, seiner Tochter zu helfen, damit sie die Prüfung besteht, weil der prüfende Professor mich angeblich kannte. Könnten Sie als Erzbischof nicht etwas für sie tun – fragte er? Ich habe gesagt, dass ich das tun würde, wenn auch er etwas für mich täte. So ging ich mit ihm in die Kapelle und schlug vor, wir würden jetzt beide niederknien und gemeinsam für die Tochter beten. Und ich verdeutlichte ihm, dass es in der Wissenschaft keine Protektion oder Kungelei geben dürfe, denn wenn seine Tochter nichts könne, sie aber trotzdem bestehe, dann würde ihr Unrecht geschehen.

❍ *Was tun Sie, wenn Politiker Sie um Rat fragen, manchmal vielleicht auch um Unterstützung bitten. Wie gehen Sie mit solchen Ansinnen um?*

So etwas kommt vor und wirkt manchmal komisch. Ich weiß aber auch, dass so manch einer verzweifelt ist und keinen Ausweg kennt. Wenn ich um Rat gefragt werde, so lasse ich mich nicht von gesellschaftlichen oder politischen Beweggründen leiten, sondern nur von humanistischen, um dem konkreten Menschen beizustehen. Ich lehne nie ein Gespräch ab. Nur wenn jemand mit dem Ansinnen kommt, Direktor werden zu wollen oder eine andere wichtige Position anstrebt, dann gibt es nichts zu besprechen.

❍ *Kommen denn solche?*

Manchmal ja. Ich sage dann, dass man über solche Fragen mit Fachleuten reden müsse. Ein Bischof kann ja nicht von allem eine Ahnung haben. Ich kann mich nicht einmischen, falls jemand Karriere machen möchte. In solchen Fällen gebe ich weder Ratschläge noch Unterstützung.

❍ *Bei welchen Bitten sagen Sie nie nein?*

Wenn jemand ins Krankenhaus aufgenommen werden möchte, mache ich mir ernsthafte Sorgen. Ein Schulfreund aus dem Gymnasium bat mich einmal um Hilfe, damit seine Frau in die onkologische Abteilung aufgenommen würde, weil sie furchtbare Schmerzen hatte. Da bat ich den Direktor und die Frau wurde aufgenommen, obgleich sie den ersten Tag auf dem Korridor zubringen musste. Ein andermal rief eine Frau aus Broschütz bei mir an. Sie hatte den Hund gefüttert und war dabei so unglücklich gestürzt, dass sie sich einen komplizierten Bruch zugezogen hatte. Es war eine Endprothese notwendig. Ihr Hausarzt hatte Zweifel, ob man bei einer über Achtzigjährigen eine derart komplizierte Operation durchführen sollte. Es gelang mir, einen anderen Arzt zu überzeugen, dass man es versuchen sollte. Ich traf die Frau dann später in Broschütz wieder und staunte: „Du läufst?" „Siehst du – sagte sie – wenn du mir nicht geholfen hättest, wäre ich gestorben."

Bitten von Kranken lehne ich grundsätzlich nicht ab, und ich bin eigentlich auch bei Ärzten nie auf Ablehnung gestoßen.

❍ *Sogar linke Politiker haben bei Ihnen um Hilfe nachgesucht, denen man Korruption vorgeworfen hatte.*

Zunächst suchten solche Leute bei mir Hilfe, die durch diese Politiker geschädigt worden waren. Ich bat sie, mir Unterlagen beizubringen, aus denen ersichtlich sei, wie viel Geld sie eingezahlt und verloren hatten, damit wir gemeinsam etwas zu ihrem Schutz unternehmen konnten. Aber sie kamen nicht wieder. Vielleicht haben sie anderswo Hilfe gefunden. Dann nahmen auch Freunde der wegen Korruption angeklagten Entscheidungsträger Kontakt mit mir auf. Aber ich musste ablehnen. Ich konnte doch vor einem Gerichtsurteil keinen Einfluss auf Staatsanwälte und Gerichte nehmen. Einen geistlichen Beistand habe ich aber jedem versprochen. Ich muss auch gestehen, dass es mir missfällt, wenn man jemandem ohne Urteil Handschellen anlegt. Vor allem dann, wenn man die Fakten vorher bekannt gibt und ein Medienspektakel daraus macht. Das ist ein Angriff auf die menschliche Würde. Gewöhnlich leide ich mit jedem Leidenden mit, und zwar unabhängig davon, ob er nun zu Recht oder Unrecht leidet.

❍ *Als Sie sich gegen die Bischofsernennung wehrten, haben Sie argumentiert, Sie hätten keinerlei Erfahrung in der Seelsorge. Wie beurteilen Sie nach 30 Jahren als Bischof das Niveau der Seelsorge in Ihrer Diözese? Was ist Wahres daran, dass dieses Niveau höher sein könnte, der Bischof aber zu wenig von seinen Priestern verlangt?*

Man kann in der Seelsorge mit Verboten und Geboten arbeiten. Ich setze in der Regel auf die Überzeugungskraft. Manchmal muss man auch Anweisungen geben. Aber die Anwendung von Befehlen gilt allgemein als gefährlich und inhuman, so wie auch das Angstmachen mit der Hölle. Ich bemühe mich immer, die Würde des einzelnen Menschen und Priesters zu wahren. Deshalb setze ich auf den Dialog, um ein Einvernehmen zu erreichen, statt Anweisungen zu geben und achte darauf, ob die Absprache erfüllt wurde. Die Seelsorge ist kein Militär. Ich appelliere lieber an das Gewissen statt auf äußere Disziplin zu setzen. Dieses Verhalten spiegeln auch die Statuten unserer Synode wieder.

❍ *Wie betrachten Sie Gemeinden, in denen neben der traditionellen Seelsorge auch Platz für Begegnungen ist, in denen sich das Leben der örtlichen zivilen Gemeinschaft widerspiegelt. In solchen Pfarrgemeinden praktizieren manchmal Ärzte und Therapeuten, es sind Sportvereine aktiv, ebenso Selbsthilfeorganisationen, Beihilfekassen usw.*

So etwas ist ein gutes und erprobtes Mittel in der Seelsorge bei den Auslandspolen. In solchen Gemeinden werden verschiedene Bedürfnisse von Polen abgedeckt. Hier im Inland, wo es eine freie Wirtschaft und eine freie Religionsausübung gibt, ist das Vermischen solcher Funktionen ungut. Wenn sich die Kirche in Dinge einmischt, die sie nichts angehen, verzettelt sie sich in Fragen der eigentlichen Seelsorge. Statt sich mit nebensächlichen Dingen im gesellschaftlichen Leben zu beschäftigen, sollte sich eine solche Pfarrgemeinde lieber mit der Verkündigung des Evangeliums befassen. Das gilt natürlich nicht für die karitative Arbeit, für die Caritas. Sie hat nämlich immer eine seelsorgerische Dimension, und Barmherzigkeit gegenüber Armen ist immer nötig, unabhängig vom Gesellschaftssystem oder dem Lebensstandard der Menschen: Papst Benedikt XVI. unterstreicht das sehr deutlich in seiner Enzyklika „Deus Caritas est.“

Konfrontiert mit dem Leiden

„Es gibt keine gerechte Staatsordnung, die den Dienst der Liebe überflüssig machen könnte .... Immer wird es Leid geben, das Tröstung und Hilfe braucht.“

Benedikt XVI.

❍ *Schon zu Beginn Ihres Priesterseins sind Sie mit dem Sterben konfrontiert worden. Wie erinnern Sie sich daran?*

Ich befand mich damals im zweiten Studienjahr an der Katholischen Universität Lublin. Während einer Vorlesung spürte ich einen starken Schmerz im Magen. Das war nicht das erste Mal, denn ähnliche Schmerzen hatte ich schon im Priesterseminar in Neiße und in Oppeln. Vermutlich bin ich wegen meiner Gene für derlei Krankheiten anfällig, denn schon vier Personen aus meiner Familie haben eine teilweise Magenentfernung hinter sich. Als wir nach der Vorlesung durch den Chor der Universitätskirche gingen, verspürte ich bei der Kniebeuge einen furchtbaren Schmerz. Zwar gelangte ich noch aus eigener Kraft in mein Zimmer, aber die Schmerzen waren unerträglich. Ich bat daher meine Kollegen, einen Krankenwagen zu rufen. Es erschien eine junge Ärztin, offenbar noch ohne Erfahrung und sagte, das sei die Leber. Sie gab mir Tabletten und sagte, ich solle viel trinken. Nach einigen Stunden wurden die Schmerzen noch schlimmer. Ich hatte 40° Fieber und beschloss, ins Krankenhaus zu fahren. Ein Priester stellte im „Lubliner Kurier“ fest, welches Krankenhaus Bereitschaftsdienst hatte und fuhr mit mir per Bus dorthin.

❍ *Hat der Arzt im Krankenhaus die Diagnose seiner jungen Kollegin bestätigt?*

In der Aufnahme versorgte mich – ich kann mich genau daran erinnern – der bekannte Dr. Papliński. Er meinte, es handle sich um den Blinddarm und ließ mich bis Montag auf den Eingriff warten. Ich sagte ihm, die Schmerzen seien unerträglich, und ich würde so lange wohl nicht aushalten. Er war unzufrieden. Schimpfte, dass die heutige Jugend so empfindlich sei und – wie man sehe – seien die Priester nicht besser. Trotzdem wies er eine Schwester an, mich für die Operation vorzubereiten. Obgleich ich vor Schmerzen nicht aushalten konnte, krabbelte ich noch aus eigener Kraft auf den Operationstisch und bekam dann die Narkosespritze. Der Arzt machte einen Schnitt wie für den Blinddarm und da kam ihm schon der Mageninhalt entgegen. Es stellte sich heraus, dass ich schon die ganze Zeit über einen Magendurchbruch hatte. Als er den Ernst der Lage erkannte, rief er zwei weitere Chirurgen zur Hilfe. Den einen holte man sogar von einer Hochzeitsfeier. Sie operierten mich angeblich drei Stunden lang. Da erkannte man, dass ich schon längst eine fortgeschrittene Bauchfellentzündung hatte.

❍ *Was hat die Operation ergeben?*

Ich hatte immer Schmerzen. Mein Zustand war kritisch. Der Bereitschaftsarzt war sich über den Ernst der Lage im Klaren. Obgleich sein Bereitschaftsdienst zu Ende war, blieb er bei mir bis zum nächsten Tag mittags. Nachdem ich Penicillin bekommen hatte, fiel das Fieber. Die Operation war jedoch erst der Anfang meiner Behandlung. Der Magen wurde nach dem Durchbruch genäht, aber ich musste noch die Beseitigung des ganzen Gewebes über mich ergehen lassen, dass durch Geschwüre angegriffen war, also folgte wieder eine Resektion. Der zweite Eingriff sollte nach sechs Wochen stattfinden, wenn ich mich etwas erholt hatte. Leider traten bei mir Komplikationen auf.

❍ *Welche?*

Nach der Operation waren die Wunden zwar verheilt, aber es kam zu einer Stenose, das heißt zur Verengung des Magenausgangs. Die Magensäfte wollten nicht aus dem Magen abfließen, man konnte ihm nichts zuführen. Sechs Wochen lange habe ich weder gegessen noch getrunken. Ich wurde nur künstlich ernährt. Zweimal täglich wurde der Magen ausgespült, so dass ich mit der Zeit schon eingeübt war, die damals noch dicken Schläuche zu schlucken. Die Krankenschwester lachte und meinte, wir könnten damit beim Wettbewerb auftreten. Aber durch die Verengung konnte von einer Stärkung des Organismus keine Rede sein. Täglich verlor ich ein halbes Kilo an Gewicht. Als ich ins Krankenhaus ging, wog ich siebzig Kilo, nach der Operation neunundvierzig. Ich war so geschwächt, dass mich der Professor ein zweites Mal nicht operieren wollte. Er hatte Angst, dass ich ihm auf dem Operationstisch sterben werde.

❍ *Und weshalb entschied man sich dennoch für eine weitere Operation?*

Dienstags und freitags war Chefarztvisite. Der Chef kam mit seinem ganzen Gefolge, Assistenten und Studenten. Er fragte, wie es mir gehe. Und ich lag eine weitere Woche da und wurde immer schwächer. Meine intimste Freundin war die Wand, an der ich mich festhielt, wenn ich mich zur Toilette schleppte. Schließlich hatte ich keine Kraft mehr, um zu gehen. Deshalb bat ich den Professor, doch eine Operation zu riskieren, andernfalls ich ganz sicher sterben würde.

❍ *Und wie reagierte er?*

Er wurde wütend. „Soll ich Sie abschlachten? – schrie er – Sie werden die Operation nicht überleben!" Der Professor unterbrach seinen Rundgang und empfing an diesem Tag niemanden mehr. Abends kam sein Assistent zu mir und versuchte mir zu erklären, man dürfe den Professor nicht so aufregen. Ich entgegnete ihm ehrlich, wenn ich sowieso sterben müsse, dann wolle ich doch mehr heroisch, wie ein Mann, auf dem

Operationstisch sterben und nicht so einfach im Bett. Ich fühlte mich nicht würdig, dass Gott an mir ein Wunder vollbringt. In meinem Alter müsste eigentlich die Medizin helfen. Er gab mir Recht, dass ich unweigerlich sterben würde, wenn die Ärzte noch länger warteten.

❍ *Und was tat der Arzt in dieser Situation?*

Angeblich hatte er Gewissensbisse, denn er rief bei Professor Poplatek, unserem Moraltheologen aus Neiße an, der auch an der Katholischen Universität Lublin lehrte und bat ihn um Rat. Er beschwerte sich, dass ich entgegen seiner medizinischen Kunst darauf bestehe, operiert zu werden. Die recht „radikale" Antwort des Moraltheologen hat mir sehr geholfen. „Wenn er dir sagt, er wolle abgeschlachtet werden, dann mach das," sagte der Professor. „Wenn er das selbst will, dann ist das seine und nicht deine Entscheidung. Sofern die Operation die einzige Chance ist, sollte man ihm diese Chance geben." Der Arzt kam nach diesem Gespräch wieder zu mir und fragte mich nochmals, ob ich wisse, worauf ich mich da einlasse. Danach ließ er für den nächsten Tag die Operation ansetzten.

❍ *Wie sah das aus?*

Die Vorgesetzte der Krankenschwestern, damals noch eine sogenannte Graue Schwester mit einer weit ausladenden monströsen Haube, kam abends zu mir und fragte, was sie mit mir machen sollten „im Falle eines Falles." Was heißt im Falle eines Falles? – fragte ich. „Na, wo sollen wir Sie hinschicken, wenn Sie sterben," sagte sie frei heraus. Ich bat, man möge den Leiter des Priesterkonvikts benachrichtigen. Anschließend schrieb ich zwei Briefe, einen an meine Eltern und den anderen an Gerhard Sobotta, meinen Freund. Ich hatte mich von ihnen verabschiedet und bat, sie sollten nicht verzweifeln. Der Schwester schärfte ich ein, sie möge, bevor sie die Briefe abschickte, persönlich prüfen, ob ich wirklich tot sei, um niemanden zu erschrecken.

❍ *Waren Sie wirklich bereit zu sterben?*

Im Prinzip ja. Später, als ich überlebt hatte, haben manche meiner Freunde gelacht und sagten, ich hätte keine Gelegenheit gehabt zu sündigen, denn ich war ja kurz nach der Priesterweihe, ich duftete angeblich noch nach den heiligen Ölen. Ich brauchte keine Angst zu haben. Vor der Operation hatte der Professor die Schwestern angewiesen, sie sollten mir im Feinkostgeschäft auf Kosten des Krankenhauses kaufen, worauf ich Lust hätte, damit ich mich ein wenig stärken könnte. Er frage mich, was ich haben wolle. Ich sagte ironisch, einen weich gekochten Engel, hatte ich doch überhaupt keinen Appetit. Die künstliche Ernährung hatte alles ausgelöscht.

❍ *Und wie haben Sie sich nach der Operation gefühlt?*

Praktisch war ich sechs Tage lang ohne Bewusstsein. Der Professor kam täglich morgens, nachmittags und abends. Es lag ihm daran, auch nur einen Hoffnungsschimmer zu ergattern, aber lange tat sich nichts. Nach dem sechsten Tag kam ich langsam zu mir. Damals habe ich begriffen, wie sehr relativ doch die Zeit für einen Kranken ist. Es besuchte mich Professor Kopeć aus Krakau zusammen mit Herrn Marcol aus unserer Diözese. Man gestattete ihnen, drei Minuten lang bei mir zu bleiben, und mir schien es, dass sie schon den ganzen Vormittag bei mir waren. Immer wieder verlor ich das Bewusstsein und erlangte es wieder, und die beiden waren immer noch da.

❍ *Wurde es nicht besser?*

Drei Tage lang war ich bewusstlos, ganz ohne Bewusstsein. Dann hörte ich alles, aber ich sah nichts, ich konnte nicht einmal die Hand bewegen, nichts. Wenn mir die Hand vom Bett herunterfiel, hatte ich keine Kraft, um sie zu heben. Ein Ohr war mir auf dem Kopfkissen umgeknickt. Es tat sehr weh, aber ich konnte den Kopf nicht bewegen, nicht einmal darum bitten, mir den Kopf etwas zur Seite zu legen. Die Stimmen kamen von weit her.

❍ *Somit sah es so aus, dass der Professor Recht hatte, dass Sie sterben würden.*

Abends war bei den Schwestern Schichtwechsel. Eine sagte zur anderen, indem sie auf mich zeigte: „Du musst aufpassen, hier kann in der Nacht der Exitus eintreten," d.h. der Tod. Und die andere sagte: „Ja, ich werde aufpassen." Und ich höre das und denke: Du dumme Kuh, ich werde dir schon zeigen von wegen aufpassen. Ich werde euch überraschen und um nichts in der Welt sterben. Ich tröstete mich, denn andere im Zimmer starben. In dem großem Saal lagen wir nach der Operation mit siebzehn Personen. Man kann sich das Stöhnen und die stickige Luft vorstellen. Drei starben links von mir, drei rechts von mir. Da wollte keiner mehr neben mir liegen. Die Patienten sagten, ich sei gefährlich, denn wer neben dem Priester liegt, der stirbt. Schließlich legten sie mich hinter den Ofen, damit sich niemand mehr über mich beschweren musste.

❍ *Wie verlief die Nacht, die Ihre letzte sein sollte?*

In der Nacht waren sich die Schwestern einig, dass ich sterbe. Deshalb brachten sie eine Sterbekerze, öffneten mir die Hand, die kalt war, denn der Kreislauf setzte aus. Sie forderten mich auf, die Kerze zu umklammern. Ich versuchte sogar, meinen Verstand zu beeinflussen, hatte aber keine Kraft, diese Kerze zu halten. Eine der Schwestern sagte scherzhaft: „Na bitte, ein Priester, aber er will die Kerze nicht." Später, als ich schon gesund war, habe ich ihnen gesagt, sie sollten vorsichtiger sein, denn ein Patient hört alles, selbst wenn er völlig bewusstlos erscheint, und solche Kommentare verletzen ihn.

❍ *Wann trat die Besserung ein?*

Nach diesen sechs Tagen ging es mir langsam besser. Von Tag zu Tag war es besser. Ich war noch sehr schwach, aber man brachte mich zum Röntgen. Die Aufnahmen zeigten, dass alles zusammengewachsen war und der Magenausgang sich normalisiert hatte. Es war mir freilich nur noch ein Viertel des Magens geblieben.

❍ *Hat es später zwischen Ihnen und dem Professor, der sich zunächst so aufgeregt hatte, ein Gespräch gegeben?*

Er hat sich bei einer der Visiten mit Studenten und Assistenten öffentlich entschuldigt. Er sagte: „Ich habe Sie beleidigt und abgekanzelt. Wenn Sie nicht interveniert hätten, würden Sie heute nicht mehr am Leben sein. Aber nach normalen, verstandesmäßigen medizinischen Kriterien hätten Sie diese Operation eigentlich nicht überstehen dürfen."

❍ *Hat der Professor in dieser Genesung vielleicht einen nicht medizinischen Einfluss, so etwas wie ein Wunder, gesehen?*

Wir haben darüber nicht direkt gesprochen. Aber er war ein sehr gläubiger Mensch und antikommunistisch eingestellt. Er zählte damals zu den bedeutendsten polnischen Chirurgen im Bereich Magenoperationen.

❍ *Sie sind von Ihrer schlesischen Mentalität her doch ein Mensch, der sich eher anpasst. Wie kam es, dass Sie im Falle Ihrer Operation so kämpferisch waren?*

Das war eine Sache wie bei Hamlet. Sein oder nicht sein. Der Mensch verlässt diese Welt nicht gerne aus freien Stücken, es sei denn, er hat keine andere Wahl.

❍ *Und was ist aus den Briefen geworden, die Sie für den Fall Ihres Ablebens geschrieben hatten?*

Ich bat die Schwester, sie mir zu bringen. Dann habe ich sie persönlich zerrissen und in meiner Gegenwart in den Ofen werfen lassen. In jenen Ofen, hinter dem ich lag. Und ich sagte mir: Siehst du, deine Stunde ist noch nicht gekommen, es ist nicht gerade leicht, in den Himmel zu kommen. Man muss sich den Himmel erst verdienen. Deshalb muss man sich weiterhin abmühen.

❍ *Setzt es Ihnen zu, dass Sie nur noch ein kleines Stück Magen haben?*

Nein. Ich bin damit ganz gut zufrieden, da habe ich wenigstens keine Probleme mit dem Übergewicht. Die Soutane, die ich zu meiner Primiz getragen habe, passt mir heute noch, fünfzig Jahre später ... Doch damals, nach der Operation, gab es Schwierigkeiten. Ich konnte nur einen Löffel Suppe auf einmal essen und einen halben Esslöffel Kartoffeln. Ich aß im Prinzip nur einmal am Tag, d.h. von morgens bis abends, denn ich musste mir die Mahlzeit in sieben kleine Portionen aufteilen. So lange ich nicht gehen konnte, brachten mir die Schwestern das Essen in winzigen Portionen. Und als ich endlich aus dem Krankenhaus entlassen wurde, bin ich mit meinem Kollegen, Professor Kazimierz Dola, vor Freude um die ganze Universität spaziert. Das war eine zu große Anstrengung. Die Folge waren geschwollene Beine. Und ich kam wieder ins Krankenhaus.

❍ *War dies das letzte Mal?*

Ja, aber als ich wieder gehen konnte, begannen die Operationswunden schrecklich zu eitern. Der überanstrengte Organismus wollte die inneren Nähte nicht absorbieren. Ich wollte aber nicht zurück ins Krankenhaus. Ich bat daher einen Assistenzarzt, mit dem ich mich im Krankenhaus angefreundet hatte, mich privat aufzusuchen. Vom Nachbarn, einem Priester namens Sztonyk, liehen wir uns Kölnisch Wasser zum Abreiben. Und mit einem Taschenmesser, das am Feuerzeug desinfiziert wurde, schnitt mir

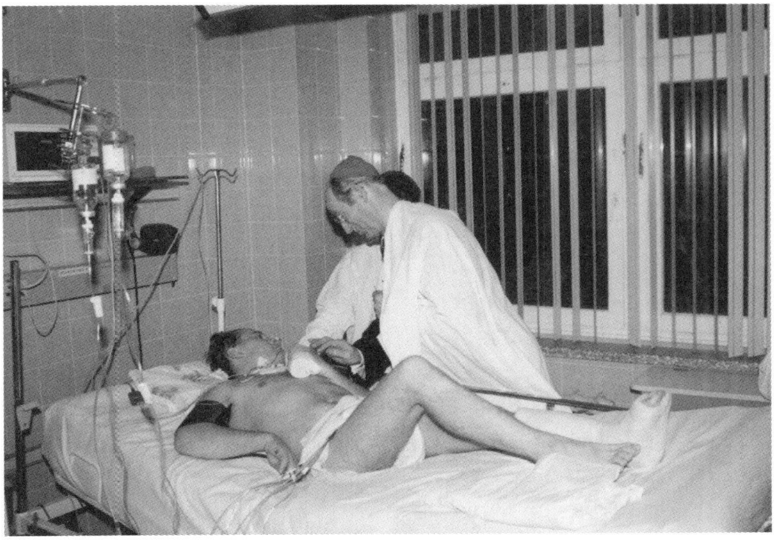

Besuch im Krankenhaus.

der Arzt die vereiterten Stellen auf, so ganz ohne Betäubung. Er verbot mir, viel zu laufen.

❍ *Und nach diesen Erlebnissen verstehen Sie die Kranken besser?*

Schon im Krankenhaus hatte ich viel verstanden. Als man mich zur Durchleuchtung brachte, traf ich vor dem Röntgenraum eine junge Mutter, Ehefrau eines wissenschaftlichen Mitarbeiters der staatlichen Universität in Lublin. Die Leute hatten ein vier Monate altes Kind, und die Frau war an Krebs erkrankt. Sie sagte, sie fühle ich schwach und würde gerne beichten. Da ich nicht gehen konnte, trug man mich in ihr Zimmer und sie beichtete. Sie bat mich, nach ihrem Tode ihren Mann zu trösten. Sie wusste, dass sie sterben würde. Ich habe mich damals zu der heroischen Tat verstiegen und im Gebet Gott angefleht – wenngleich ich schon das Schlimmste hinter mir hatte – dass ich für niemand zu leben habe, er möge sie wegen des Kindes am Leben lassen und mich zu sich nehmen. Leider wurde ich nicht erhört. Der Himmel hat mir nicht geholfen. Die Frau starb. Drei Tage zuvor hatte ich ihr die Beichte abgenommen und ihr nach ihrem Tode die heilige Ölung gespendet. Sie hatte mich noch daran erinnert, dass ich ihren Mann trösten solle.

❍ *Haben Sie den Mann später getroffen?*

Er besuchte mich nach dem Tode seiner Frau mit der kleinen Tochter. So viel ich weiß, hat er nicht mehr geheiratet. Seine Schwester half ihm im Haushalt. Seiner Tochter bin ich später noch begegnet, als sie zu studieren begann. Sie fragte mich, wie ihre Mutter ausgesehen habe. Die Mutter fehlte ihr sehr. Sie erzählte mir, ihr Vater wolle die Mutter nicht schildern, weil er dabei immer weine. Deshalb wollte sie von mir Einzelheiten wissen, wie sie angezogen war, wie sie aussah. Das war sehr schmerzlich. Ich sagte ihr, dass ihre Mutter noch hübscher gewesen sei als sie. Für diese Offenheit habe ich mich dann aber entschuldigt. Sie hatte schönes, dunkles Haar und so etwas Geheimnisvolles an sich. Immer wenn mich dieses Mädchen beim Spaziergang traf, fragte sie nach der Mutter. Über meine „Absprache“ mit Gott erzählte ich ihr nichts. Das war kein leichter Augenblick. Denn ich war mir bewusst, dass ich ja erhört werden könnte.

❍ *Haben Sie durch das eigene und fremde Leiden das Leben mehr schätzen gelernt?*

Das Leiden hat mich gelehrt, das eigene Leben und das Leben der anderen zu schätzen. Ich weiß, was das Sterben ist. Ich habe mich davon überzeugt, dass letztlich nur Gott Herr des Lebens ist. Das hat mich sehr realistisch werden lassen. Wenn jemand krank ist und ein mir nahe stehender Mensch ins Krankenhaus gehen muss, dann bin ich seit jener Erfahrung lieber still und rede nicht ungefragt. Es wurde mir bewusst, dass der Trost manchmal verlogen ist, und dass auch der barmherzigste Liebesdienst eines Arztes verlogen sein kann.

❍ *Woher haben Sie – als Sie so am Rand des Grabes standen – Hoffnung geschöpft?*

Ich bin damals damit sehr rational, fast schon naturalistisch umgegangen. Ich sagte mir, dass man im Alter von 26 Jahren gewöhnlich nicht stirbt. Heute bin ich davon überzeugt, dass echtes Christsein immer auf der Hoffnung basiert. Der Christ, das heißt ein österlicher Mensch, ist zum Optimismus verurteilt. Das Kreuz steht im Mittelpunkt des christlichen Glaubens, ist aber nicht Zielpunkt, nur Wegweiser in Richtung auf Ostern hin. Ein Christ kann seinen Lauf nie auf Golgota beenden. Weil ein trauriger Christ einfach nicht authentisch ist.

❍ *Sie haben hier im Oppelner Land vielen Menschen dadurch Hoffnung gegeben, dass Sie medizinisches Gerät aus der ganzen Welt hierhergeschafft haben.*

Dazu haben meine Vorträge im Ausland beigetragen. Ich traf Ärzte, Professoren, die mich gefragt haben, wie man uns helfen könnte. Da habe ich um Geräte und Medikamente gebeten, was bei uns fehlte. So war es im Falle der Dialyse in Oppeln. Es gab Zeiten, da war die Flüssigkeit für die Dialyse nicht nur teuer, sondern fehlte sogar komplett. Es bestand die Gefahr, dass die Einrichtung beinahe geschlossen worden wäre. Das hätte für viele Patienten große Probleme bedeutet, und für solche, die eine Dialyse schon begonnen hatten, hätte das auch den Tod bedeuten können. Damals erhielt ich in Dillingen, in der Diözese Augsburg, den Preis des heiligen Ulrich, der mit 20.000 Mark dotiert war. Das war bei dem seinerzeitigen günstigen Umrechnungskurs von DM zu Zloty ziemlich viel Geld. Ich habe das ganze Geld dieses Preises für die Dialyseflüssigkeit gespendet. Das war ein guter Anfang. Deutsche Zeitungen berichteten darüber, und so wurden unsere Schwierigkeiten weithin bekannt. Zusätzlich half mir die Tatsache, dass ich in Mainz als Gastprofessor tätig war. Da es in Polen überall an medizinischem Gerät fehlte, erhielt Oppeln Unterstützung von vielen Seiten. Ähnlich war es mit anderen Hilfsmaßnahmen.

Während des Kriegszustands hatten wir einmal 36 Lastzüge gleichzeitig an der Kathedrale stehen.

❍ *Wie verteilt man so etwas?*

Ich versuchte, die Spender davon zu überzeugen, dass sie, wenn die Hilfen einen versöhnenden Charakter haben sollen, auch nach Osten weiter fahren müssten, in die Gegend von Lublin und Zamość. Nicht immer hatten sie Lust, noch so weit zu fahren. Deswegen stellte ich Ihnen bei mir im Ordinariat Gästezimmer zur Verfügung, damit sie auf der Rückreise hier schlafen und duschen konnten. Mir war an den Fahrten bis weit ins Innere Polens sehr gelegen. Hier in Schlesien haben wir nie Zweifel daran gehabt, dass die Hilfsmaßnahmen aus dem Westen ein Ausdruck des guten Willens der Deutschen waren. Schließlich hatten viele von uns drüben Verwandte. In anderen Teilen Polens musste dieses Bewusstsein erst geschaffen werden.

❍ *Wie sah die eigenartigste Sendung aus, die hier in Oppeln eintraf?*

Nach Verhängung des Kriegsrechts verfasste der Primas einen Hirtenbrief, der in allen Kirchen Polens zu verlesen war. Doch er wusste nicht, wie er ihn befördern sollte. Bei der Post gab es die Zensur. Mit Hilfe des Militärs wollte er ihn nicht schicken, es wäre vielleicht auch abgelehnt worden. Unverhofft traf der Brief für die Diözesen Oppeln, Breslau und Kattowitz durch einen holländischen LKW-Fahrer bei uns ein, der mit Spenden gekommen war. Im Ordinariat vergewisserte er sich lange, ob ich wirklich der Bischof sei, bis er mir den Umschlag aushändigte. Der Brief wurde verlesen, aber nur in der Hälfte der Diözese, weil wir nicht jeden Winkel erreichen konnten, denn wir hatten kein Benzin.

❍ *Das enge Netz von Sozialstationen der Caritas ist gewissermaßen eine Visitenkarte der Diözese Oppeln. Wie kam es dazu?*

Im Vergleich zum übrigen Polen gibt es in der Diözese Oppeln eine große Anzahl von Caritas-Stationen.

Die Idee dazu hat mir Bundeskanzler Helmut Kohl persönlich gegeben. Der Bischof von Mainz, Karl Lehmann, hatte mich dem Bundeskanzler empfohlen. Der Bischof ließ mich wissen, dass Kohl mich sprechen wolle. Kohl schlug vor, das Bonner Innenministerium werde im Rahmen der deutsch-polnischen Aussöhnung in jedem Dekanat der Diözese Oppeln eine Caritasstation einrichten und diese mit Autos und medizinischem Gerät ausstatten. Ich war unschlüssig, ob ich dem zustimmen sollte, weil sich direkt ein deutsches Ministerium engagierte. Aber dann dachte ich, man muss entschlossen handeln. Man hatte mich ja sowieso auf dem Kieker und nannte mich einen „Schwab" (das ist ein Schimpfwort für einen Deutschen). Durch diese Entscheidung konnten kranke und alte Menschen, deren Kinder ins Ausland gegangen waren, eine bessere ärztliche Versorgung bekommen. Das gab den Ausschlag. Bundeskanzler Kohl sagte, die Einzelheiten sollte ich mit dem damaligen und auch heutigen Innenminister Wolfgang Schäuble besprechen.

❍ *Und wie verlief das Gespräch?*

Wir diskutierten sehr lange, über drei Stunden. Um das Flugzeug nicht zu verpassen, brachte mich die Polizei sogar zum Flughafen. Wir verabredeten, dass die deutsche Seite anfangs nicht nur die medizinische Ausrüstung bezahlt, sondern auch die Gehälter für drei Krankenpflegerinnen je Station. Wenig später haben wir dann unsere Kommunen gebeten, diese Ausgaben zu übernehmen. Denn die Besoldung polnischer Mitarbeiterinnen durch das deutsche Innenministerium hätte doch wohl Anstoß erregt. Sie wären sofort verdächtigt worden, dass sie eine fünfte Kolonne sind oder werden könnten. In den kommunalen Gemeinden half uns die deutsche Minderheit, denn offiziell sollte das ja eine Spende für die Minderheit sein.

❍ *Waren Sie schon von Anfang an dafür, dass diese deutschen Hilfen gleichberechtigt von der Minderheit wie von der Mehrheit genutzt würden?*

Ich habe versucht, die Anführer der Minderheit davon zu überzeugen, dass man sie hassen würde, wenn die Hilfe nur ihnen zugute käme, vor allem, weil die Minderheit anfangs sowieso kaum akzeptiert wurde. Ich sagte, wenn man alles für sich behalte, werde sich das zerstörerisch auf die Minderheit auswirken. Schließlich kamen wir überein, dass der medizinische Sektor von der Nationalität unabhängig und für alle Bedürftigen zugänglich sein solle. In jedem Dekanat entstand also so eine Station, in großen Dekanaten sogar zwei. Einige wurden auch in der heutigen Diözese Gleiwitz eingerichtet.

❍ *Wie haben die einfachen Leute auf diese Initiative reagiert?*

Ich erzähle immer wieder die Geschichte der Oma, mit der ich in meiner Heimat bei der Firmung in der dortigen Pfarrgemeinde sprach. Sie hatte ihren Pfarrer gebeten, ich möge sie besuchen. Ich ging hin. Und sie sagte in schönem Dialekt: „Pfarrerchen –

ich will euch für die Stationen danken. Wisst Ihr, ich bin schon ein halbes Jahr nicht mehr gebadet worden. Ich fing schon an zu stinken. Und jetzt kommen jeden Samstag früh diese Frauen, ziehen mich an, nehmen mich mit, baden mich und geben mir Medizin und ich fühle, dass sich jemand um mich kümmert, dass ich ein Mensch bin." Das war das beste Dankeschön. Dieser Dank gebührt allen, die dazu beigetragen haben, dass diese Caritasstationen entstehen konnten. Zunächst hatte Pfarrer Paul Porada daran einen großen Anteil, dann hat Pfarrer Arnold Drechsler die Sorge für die Bedürftigen übernommen und weiter gebracht, und mein Freund, Herr Josef Pawliczek von der Caritas in Freiburg, hat bei allem vermittelt.

❍ *Ist dieses Oppelner Werk in Polen bekannt?*

Als die Bischöfe erfuhren, dass es bei uns diese Sozialstationen der Caritas gibt, schlug ich vor, man sollte in jeder Diözese je eine solche Station als Pilotprojekt einrichten. Das hat nicht allen gefallen. Und ich weiß noch, dass der damalige Sekretär der Bischofskonferenz mir vorwarf, es sei ungerecht, dass die Diözese Oppeln 46 solcher Stationen habe und die anderen nur je eine bekommen sollten. Er war der Ansicht, dass man unter dem Aushängeschild der Caritas keine Ungerechtigkeit dulden dürfe. Ich erinnerte ihn daran, dass es sich um Spenden des deutschen Innenministeriums handle, die über die Kirche an die deutsche Minderheit gehen. Und ganz direkt sagte ich, wir seien bereit, diese Stationen abzugeben, sofern jene Diözesen, die sie übernehmen, auch die deutsche Minderheit mit übernehmen würden. Gott bewahre – sagte er. Es fanden sich keine Freiwilligen dafür und damit war die Sache erledigt.

Im Dienste der Versöhnung

> „Die deutsch-polnischen Beziehungen müssen durch historische Erinnerung und Reflexion begleitet werden. Doch sollte das nicht das Hauptmotiv sein, sondern sie müssen den Zeitgenossen den Weg in Richtung Zukunft eröffnen.“
>
> (Władysław Bartoszewski)

❍ *Herr Erzbischof, Sie sind einer der Initiatoren der deutsch-polnischen Versöhnung und wurden dafür von beiden Seiten vielfach geehrt. Welches war der erste wichtige Schritt auf diesem Wege, war es der Brief der polnischen Bischöfe an ihre deutschen Amtsbrüder?*

Ich war damals an der Katholischen Universität Lublin tätig und kam nach Neiße und Oppeln zu Vorlesungen ins Priesterseminar. In Oppeln stieß ich bei einem dieser Aufenthalte auf eine Kundgebung vor dem Seminar, wo die Kleriker des 6. Studienjahres studierten. Die Studenten der Pädagogischen Hochschule und der Ingenieurschule riefen: „Bischöfe, Verräter der Nation! Wer gibt euch das Recht, den Deutschen zu vergeben!“ Vor dem Ordinariat schrieen sie dasselbe. Das war – wie man weiß – eine organisierte Aktion in ganz Polen. Ich gestehe, dass ich mit meinen Vorlesungen derart beschäftigt war, dass ich die Bedeutung jenes Briefes nicht erfasst hatte. Erst die Proteste, die ich in Oppeln sah, ließen mir bewusst werden, dass etwas Wichtiges geschehen war. Nach meiner Rückkehr nach Lublin habe ich den Bischofsbrief aufmerksam studiert.

❍ *Und wie haben Sie ihn aufgenommen?*

Ich bewunderte den Mut der Polnischen Bischöfe. Schließlich waren die meisten der damaligen Bischöfe, die während des Krieges persönlich unter den Nazis gelitten hatten, schon im fortgeschrittenen Alter. Zudem wussten die Bischöfe nur zu gut, was ihnen drohte, sie mussten voraussehen, dass sie durch die Machthaber in Polen, und vielleicht auch durch viele Gläubige, schlecht behandelt würden. Ihnen war bewusst, dass 20 Jahre nach dem Kriege die Wunden jener Menschen, die unter den Deutschen gelitten hatten, noch sehr frisch waren. Und der ganze Rummel, den Gomułka um die Sache inszenierte, war eine ausschließlich politische Aktion. Er nutzte sie nicht nur zum Angriff gegen die Kirche, sondern überhaupt gegen die „kapitalistische Welt." Wir dürfen nämlich nicht vergessen: damals galt die Auffassung, was gut ist, ist sozialistisch, und man hatte den bösen Westen möglichst für alles zu attackieren.

❍ *Sofern die Bischöfe wussten, was kommt, weshalb haben sie diesen Brief geschrieben?*

Das war ein Ergebnis des zu Ende gehenden Zweiten Vatikanischen Konzils. Ich bin davon überzeugt, der Brief wäre nie entstanden, wenn es die Atmosphäre in den Gängen um die Konzilsaula nicht gegeben hätte. In dieser Geste der Bischöfe sehe ich das direkte Eingreifen des Heiligen Geistes, der bei jedem Konzil anwesend ist. Ich habe das auch während einer Sitzung der Bischofskonferenz so gesagt, und einige Bischöfe waren etwas empört über meine Interpretation. Dennoch bin ich weiterhin davon überzeugt, dass jene Geste der Bischöfe ein Werk und Geschenk des Heiligen Geistes war. Ähnlich verhält es sich meines Erachtens mit der Wahl eines Deutschen zum Papst als Nachfolger eines polnischen Papstes.

❍ *Vielleicht hat der Brief deshalb einen solchen Aufruhr verursacht, weil er zu früh kam?*

Wenn die Bischöfe gezögert hätten, wäre es nicht zu einer solchen Wirkung gekommen. Die bahnbrechende Bedeutung des Briefes lag darin, dass die Bischöfe als erste den Mut hatten, sich in die Politik einzubringen, und zwar in die Weltpolitik, deren ethischer Bestandteil er war. Gerade die ethische Einschätzung erwies sich als wirkungsvoller als alle anderen Kalkulationen oder ausgeklügelten Maßnahmen für den Augenblick. Diese ethische Komponente offenbarte etwas von den Werten der Ewigkeit, die das Diesseits mit dem Jenseits verbinden. Gleichzeitig rechneten die Bischöfe wohl damit, dass das Konzil eine gewisse Entschuldigung für sie sein würde; sie haben die Frage der deutsch-polnischen Aussöhnung jedenfalls in den größeren Kontext des Zusammenlebens der Völker in der Welt gestellt.

❍ *Durch die ziemlich kühle Reaktion seitens der Deutschen wurden die negativen Reaktionen noch verschärft.*

Der Brief hat lange auf dem Schreibtisch von Kardinal Frings gelegen, der verreist war. Die Schwestern, die für ihn arbeiteten, konnten nicht wissen, welche Bedeutung der Brief aus Polen hatte, also wartete man, bis der Kardinal zurück war. Als er kam und den Brief las, haben die deutschen Bischöfe kurz, aber inhaltsreich geantwortet, dass sie natürlich die ihnen ausgestreckten Hände ergreifen. Die deutschen Bischöfe haben die Geste ihrer polnischen Brüder nicht auf die leichte Schulter genommen. Es war nur ein unglücklicher Umstand.

❍ *Wie haben Ihre Priesterkollegen und die Gläubigen in Schlesien und darüber hinaus reagiert?*

Die Schlesier haben gewiss anders reagiert als das übrige Polen. Für sie war der Brief etwas Göttliches. Der Brief versöhnte auch jene Schlesier miteinander, die halsstarrig und extrem prowestlich waren. Ich meine, die Bischöfe waren sich darüber nicht im Klaren, wie viel sie in Schlesien mit ihrem Brief erreicht hatten. Viele Menschen sagten voller Erstaunen, dass diese „Polacken doch nicht so schlecht sind", zumal sich die Linie des Episkopats deutlich von der antideutschen Politik Gomułkas unterschied. Die Leute begriffen diese heroische Tat der Bischöfe und verstanden, dass dies der Beginn einer echten deutsch-polnischen Aussöhnung nach dem Modell der deutsch-französischen Aussöhnung war.

❍ *Waren die Reaktionen an der Universität in Lublin anders als in Schlesien?*

Dort war der Widerstand besonders stark. Den Bischöfen warf man offen vor, sie seien dem Druck der Deutschen erlegen. Ich fragte dann meine Kollegen: Hatten die Deutschen denn einen solch großen Einfluss auf das Konzil? Wenn nicht, dann seien die polnischen Bischöfe auch nicht den Machenschaften der Deutschen erlegen, sondern eher den großen Idealen von Papst Johannes XXIII., der keine Angst hatte, das Konzil einzuberufen. Es fehlte nicht an solchen Äußerungen, dass Papst Johannes die Fenster in der Kirche zu weit geöffnet habe und sich alle dabei erkältet hätten. Aber in Wirklichkeit – ich wiederhole dies – hatte der Bischofsbrief etwas vom weiten universalen Denken des Konzils an sich. Jene, die an der Universität Lublin die Bischöfe kritisierten, waren gewiss nicht die Mehrheit, aber unter ihnen gab es auch Professoren und eine beträchtliche Anzahl von Studenten. Es gab an unserer Uni zwar keine Kundgebungen gegen die Bischöfe, aber es gab sie dagegen an der staatlichen Universität in Lublin, jedoch war die Abneigung auch bei uns spürbar.

❍ *Ist es nicht so, dass die Polen bereit waren, gegenüber den Deutschen die Formulierung „wir vergeben" zu akzeptieren, aber die Worte „wir bitten um Vergebung" – das war doch wohl ein Schritt zu viel?*

Das war für die Menschen unerhört. Man sagte: Wofür sollen wir die Deutschen um Vergebung bitten? Als Antwort auf solche Vorwürfe wurde zu Beginn des Jahres 1966 ein zweiter Hirtenbrief der Bischöfe verlesen, in dem es hieß: wenn auch nur

Berlin, 8. Mai 2006: Dem Erzbischof wird der Deutsch-Polnische Preis für seine Verdienste um die Entwicklung der gegenseitigen Beziehungen verliehen. Neben ihm die beiden Außenminister Anna Fotyga und Frank Walter Steinmeier.

ein einziger Pole einem Deutschen etwas angetan hat, dann ist das einer zu viel und schon ein Grund, um Vergebung zu bitten.

❍ *Auf deutscher Seite hat man diesen Hirtenbrief negativ aufgenommen, quasi als Rückzug der polnischen Bischöfe von ihrer großherzigen Geste, als einen Schritt zurück.*

Ein wenig Resignation war schon dabei. Aber ich habe im Westen immer erklärt, dass unsere Bischöfe keinen wesentlichen Punkt zurückgenommen hatten, sie haben nur etwas geglättet. Wenn sie sich stur gestellt hätten, wäre die Kirche in Polen vermutlich schweren Verfolgungen ausgesetzt gewesen, und deshalb haben sie sich für diese diplomatische Geste entschieden. Aber man muss diese Geste im Kontext der schlimmen Atmosphäre der 60-er Jahre verstehen und interpretieren.

❍ *Hat der Brief der Bischöfe aus der Distanz der Jahre betrachtet, die inzwischen vergangen sind, wirklich eine neue Epoche in den deutsch-polnischen Beziehungen eingeleitet?*

Eine gänzlich neue Epoche. Er stellte die Ethik über die Diplomatie und vor die Politik. Unabhängig vom Widerstand, den es in Polen gegen den Brief gab und davon, wie die Machthaber die Situation anheizten, sahen die Politiker sich sowohl in Deutschland als auch in Polen gezwungen, den von den Bischöfen vorgezeichneten Weg zu beschreiten, sie hatten keine andere Wahl. Man kann sagen, dass sowohl der Kniefall von Willy Brandt am Denkmal der Opfer des Gettos, als auch der deutsch-polnische Vertrag von 1970 sowie die verschiedenen Stiftungen und Kreise in Deutschland, die sich für die Aussöhnung eingesetzt haben, in gewissem Sinne das Ergebnis jenes Briefes bei dem Konzil waren.

❍ *Scheint nicht heute, über 40 Jahre nach dem Brief der Bischöfe, in den deutsch-polnischen Beziehungen die ethische Sensibilität weitgehend verlorengegangen?*

Leider ja. Man kann wohl sagen, dass die deutsch-polnischen Beziehungen gleichsam auf die politische und diplomatische Ebene zurückgeführt worden sind, aber nicht auf die ethische. Die Schuld liegt auf beiden Seiten, weil es auf beiden Seiten an notwendiger Sensibilität mangelt. Wir dürfen nicht das Bewusstsein dafür verlieren, dass die Wunden kaum erst vernarbt sind und der leichteste Kratzer sofort Blutungen verursacht. Leider wollen beide Seiten sich daran nicht erinnern. Ein solches Aufkratzen der Wunden besteht zum Beispiel in der Einrichtung der Preußischen Treuhand. Ich habe auch Zweifel, ob man so viele Worte um das Zentrum gegen Vertreibungen machen musste. Und wenn schon, dann ausschließlich im Kontext aller europäischer Vertreibungen. Schließlich haben sie das ganze 20. Jahrhundert an unterschiedlichen Plätzen Europas angehalten und endeten erst gegen Ende des 20. Jahrhunderts mit den ethnischen Säuberungen auf dem Balkan. Das ist nicht nur eine Frage der Deutschen.

❍ *In Deutschland kennen nicht viele Menschen Rudi Pawelka oder Erika Steinbach, sie sind keine Medienstars. Wir dagegen blähen jede ihrer Äußerungen wie einen Ballon auf und verleihen ihnen unnötig Gewicht.*

Man kann extreme Ansichten von gesellschaftlich nicht gerade akzeptierten Personen kaum als Standpunkt der Regierung betrachten, schon gar nicht der deutschen Öffentlichkeit. Diese Leute werden ja nicht einmal von allen Vertriebenen und schon gar nicht von allen Deutschen beachtet. Die Position von Erika Steinbach ist zwar eine etwas andere, weil sie Bundestagsabgeordnete ist. 2006 habe ich einen Preis für meinen Beitrag zugunsten der deutsch-polnischen Versöhnung entgegen genommen. Am Vortag der Feier rief man bei mir vom polnischen Auswärtigen Amt mit dem Vorschlag an, ich könnte zur Preisverleihung in Berlin mit einem Regierungsflugzeug kommen, was ich aber nicht in Anspruch nehmen konnte. Bei dieser Gelegenheit sagte man mir, dass Vertreter des polnischen Außenministeriums nicht erscheinen würden, falls Frau Steinbach käme. Dann stellte sich heraus, dass Erika Steinbach zur gleichen Zeit eine Vortragsveranstaltung hatte, was unser Außenministerium mit Erleichterung aufgenommen hat. Das zeigt doch, wie brüchig die Beziehungen zwischen Polen und Deutschland weiterhin sind.

❍ *Sind Sie Rudi Pawelka und seinem Kreis persönlich begegnet?*

Ja, er war bei mir im Ordinariat, und ich habe ihm gesagt, dass weder er persönlich noch seine Preußische Treuhand vergessen dürften, wer den Krieg angefangen hat. Er sagte, es gebe keine Kollektivschuld. Ich selbst weiß nur zu gut, dass es diese nicht gibt, darüber habe ich schon lange vor der Aktivität des Herrn Pawelka gesprochen. Aber ich weiß auch, dass es die

Mit Romas vor dem Bischofshaus in Oppeln.

Vertreibungen und ihre Folgen nicht geben würde, wenn es die Grausamkeiten der Nazis und den tragischen Überfall auf Polen nicht gegeben hätte. Man muss damit rechnen und darf den Polen nicht verbieten, so zu denken. Wegen solcher Einstellungen, wie sie die Preußische Treuhand vertritt, sagt so manch einer in Polen, die Deutschen wollten die Täter in Opfer umwandeln. Dazu sollte man keinen Anlass geben.

❍ *Wie hat Pawelka auf diese Bemerkung reagiert?*

Wenn er Unterstützung von mir erwartet hatte, dann musste er enttäuscht sein. Er wiederholte nochmals die These von der Kollektivschuld. Ich habe ihm ganz direkt gesagt, ihm fehle es an jener subtilen Sensibilität, die unter Nachbarn unerlässlich ist, wenn das fehle, dann gehe vieles zu Bruch. Natürlich hat jeder ein Recht auf seine Heimat, und jede Vertreibung, auch jede einzelne, ist ein großes Unrecht. Nur hat die Entfesselung des Krieges jedes Recht zunichte gemacht. Der größte Friedhof der Welt, das KZ Auschwitz, wurde von den Nazis nicht in Deutschland, sondern in Polen eingerichtet. Man sollte sich daher nicht wundern, dass es immer noch bei uns Menschen gibt, die sich daran erinnern und daher vor den Deutschen Angst haben. Das ist – ob wir wollen oder nicht – der Kontext der deutsch-polnischen Beziehungen. Im Gespräch mit Herrn Pawelka habe ich auch nochmals betont, dass ein Zentrum gegen Vertreibungen unbedingt eine europäische Dimension haben müsse. Ein echtes europäisches Zentrum würden alle, auch die Polen unterstützen. Dieser erweiterte Kontext ist dann ja auch richtiger Weise zur Berliner Ausstellung hinzugekommen. Gut, man unterstreicht immer, dass die Vertreibung der Deutschen eine historische Tatsache sei. Das stimmt, aber es gibt einen engen Kontext dazu. Als Christen müssen wir „die Wahrheit in Liebe tun." Denn die nackte Wahrheit kann auch töten. Auch der Arzt sagt dem Kranken gewöhnlich nicht die ganze Wahrheit, weil manch ein Patient sie nicht ertragen könnte. Die Verabreichung schwieriger Wahrheiten erfordert Verständnis und Sensibilität. Hinzu kommt, dass die Angst, es könnte jemand kommen, um ihm seinen Besitz wegzunehmen, diese Angst noch mehr steigert, weil in den Grundbüchern bei uns ein heilloses Chaos herrscht. Diese Nachlässigkeit ist wiederum der Anlass dafür, dass ausländische Juristen dies ausnutzen.

❍ *Während in Deutschland die aufgebrachten Stimmen eher aus Kreisen kommen, die sich am Rande des politischen Lebens befinden, kommen in Polen die antideutschen Äußerungen auch von Leuten, die gegenwärtig an der Regierung sind. Woher kommt das?*

Das ist vermutlich ein Ausdruck von Arroganz oder Ignoranz. Man will mit allen Mitteln auf sich aufmerksam machen. Es handelt sich um Leute, die in anderen Bereichen nichts gelten. Das betrifft vor allem kleine, nationalistische Parteien. Und ein ungesunder Nationalismus endet gewöhnlich im Chauvinismus. Schon de Gaule hat gesagt, Nationalismus sei ein Krieg. Ich denke, dass die Partei der Kaczynskis trotz verschiedener kritischer Äußerungen von Seiten des Präsidenten oder Premierministers die Dinge doch etwas anders angeht. Am schlimmsten sind Populisten: Sie demonstrieren einen heroischen Kampfgeist, der wie auch immer geartet, nie die Versöhnung zum Ziel hat. Das ist schmerzlich, hier kommen Stimmungen hoch, die wir in der Zeit der Volksrepublik hatten. Wenn es darum ging, das Volk zusammenzuhalten, dann war es am leichtesten, so etwas nach dem Motto „Hau den Lukas" zu tun, in diesem Falle eben die Deutschen. Die kommunistischen Unarten und Stimmungen haben sich in der Bevölkerung gehalten. Kleine populistische Parteien spielen auf diesem Instrument. Sie wissen nicht einmal, oder wollen es nicht wissen, dass es sich hier um ein Überbleibsel aus der Zeit des Kommunismus handelt.

❍ *Haben Sie Gelegenheit gehabt, über nationale Fragen mit einem der Kaczynskibrüder zu sprechen?*

Ja, im Ordinariat habe ich mich mit dem Premier unterhalten und im Oppelner Hotel „Mercure" mit dem Präsidenten. Ich hatte den Eindruck, dass sie unsere Oppelner Verhältnisse besser verstehen wollten und bereit waren zuzuhören. Als wir an der Franziskanerkirche vorbei kamen, habe ich dem Herrn Präsidenten erklärt, dass hier die sterblichen Überreste unserer schlesischen Piasten ruhen. Ich erinnerte daran, dass wir als Oppelner auch nicht dauernd über Władysław Opolczyk reden, ohne den es Jasna Góra nicht geben würde. Und ich wies darauf hin, dass dieser Fürst nicht nur das Kloster erbauen ließ, sondern den Paulinern auch das Bild der Mutter Gottes von Tschenstochau aus Oppeln geschenkt hat. Der Präsident war verwundert.

❍ *Kommen viele böse Gefühle im deutsch-polnischen Verhältnis nicht daher, dass wir nach dem medialen Ereignis von Kreisau zu Beginn der 90-er Jahre etwas zu schnell in Richtung Eintracht gegangen sind und Abkürzungen nahmen, dabei aber viele schwierige Themen kaum gestreift haben?*

Politisch war bei diesen Ausgleichsbemühungen vieles in Ordnung, aber es fehlte der Tiefgang. Wir haben vergessen, dass dieser Prozess etwas von dem haben muss, was die deutschen Begriffe „Versöhnung“ bzw. „Aussöhnung“ beinhalten. Aussöhnung meint die Verständigung auf horizontaler, politischer bzw. diplomatischer, Ebene, während Versöhnung etwas meint, was ohne Gottes Gnade, d.h. ohne den Anteil des Himmels nicht machbar ist, weil nur Christus allein der Versöhner ist. Eine Versöhnung ohne Verankerung im Glauben und in der brüderlichen Liebe ist schwerlich erreichbar, oft unmöglich.

❍ *Wie kommt es, dass es im deutsch-polnischen Verhältnis „da oben“ oft hakt, während sich die einfachen Menschen „weiter unten“, z.B. auf kommunaler Ebene und bei der Jugend beider Länder, besser und leichter verstehen?*

An Wohlwollen fehlt es auch „da oben“ nicht. Keine Regierung eines europäischen Staates hat gegenwärtig für Polen so viel getan wie die deutsche. Das betrifft sowohl die jetzigen als auch die früheren Politiker. Als Bundeskanzler Kohl den Vertrag mit Polen unterzeichnete und die Oder-Neiße-Grenze anerkannte, war das ein echter Durchbruch. Kohl ist dafür angegriffen worden. Dieser Akt bedeutete in gewissem Sinne für viele Deutsche, dass sie ihre Einstellung zur Vergangenheit aufgeben mussten. Diese Einsicht kam langsam, denn man musste Millionen von Vertriebenen sagen, dass sie endgültig von der Hoffnung auf eine Rückkehr in die Heimat Abschied nehmen müssen. Das war für viele nicht leicht. Von unseren polnischen Vertriebenen aus dem Osten lebte doch auch so manch einer in der Hoffnung auf eine Rückkehr. Viele hatten über Jahre ihre Sachen nicht ausgepackt und ihre Häuser in Schlesien nicht gepflegt. Die Psychologie der Versöhnung ist keine leichte Sache. Andererseits ist es eine Freude zu sehen, dass so viele Polen nach Deutschland reisen und so viele Deutsche nach Polen kommen, auch solche, die aus Schlesien stammen.

❍ *Die Begegnungen ehemaliger und neuer Eigentümer sind aber nicht immer unbeschwert und freundschaftlich ...*

Ich kenne dagegen auch viele Beispiele echter Freundschaft zwischen früheren und neuen Bewohnern Schlesiens. Manche Freundschaften waren schon in der Zeit des kommunistischen Polen entstanden. Ein mit mir befreundeter Professor aus Freiburg hat mich seinerzeit gebeten, ihm einen Kontakt zu den neuen Eigentümern seiner früheren Wohnung herzustellen. Ich konnte nicht wissen, ob sie ihn überhaupt in die Wohnung lassen würden. Doch ich habe da angerufen und mich mit ihnen verabredet. In der Wohnung lebt jetzt ein Juristenehepaar. Sie waren gerne bereit, den Professor und seine Schwester zu empfangen. Als er von hier weg ging, war er dreizehn Jahre alt, seine Schwester war sechs. Sie trafen sich zu einem gemeinsamen Abendessen. Plötzlich bemerkte der Professor an den Türen alte Messingklinken. Es waren immer noch dieselben. Er wusste sogar noch, dass er sich an diesen Klinken immer festgehalten hatte, wenn die Mutter ihn als Kind verhauen wollte. Der Oppelner Jurist reagierte überaus spontan. „Wenn Sie wollen, können Sie die Klinken mitnehmen" – sagte er. Doch der Professor wollte nichts haben, nur schauen. Dann führten die Gastgeber die deutschen Gäste auf den Dachboden. Die Schwester fand dort in einer Kiste ihre alten Spielsachen. Sie nahm sie als Andenken mit. Zum Abschied schenkte die Hausfrau dem Professor zwei kleine Bilder aus dem Schlafzimmer seiner Eltern, Jesus und Maria. Der Professor wusste noch, wie sie damals mit den Eltern vor diesen Bildern gebetet hatten. Die Leute verabschiedeten sich in gutem Einvernehmen und verabredeten ein nächstes Treffen in Freiburg. Das war eine echte Versöhnung. Denn dort, wo es ein Nachdenken in Ruhe gibt, ist immer auch Platz für reine Gesten des Herzens, ohne dabei die Seele zu vergiften.

❍ *Oft sagen wir, dass eine wirkliche Versöhnung erst unter der neuen Generation möglich sein wird. Aber sowohl in Polen als auch in Deutschland gibt es Kreise, die junge Leute mit nationalistischen Verengungen verführen wollen.*

Leider kommt das immer noch vor. Ich erinnere mich daran, wie Präsident Lech Wałęsa zum ersten Mal auf dem Annaberg war und junge Nationalisten ihn mit „Wałęsa, Mörder!" empfingen. Das hat ihn sehr traurig gemacht. Vorwurfsvoll sagte er zu mir, dass er bis hierher ins Oppelner Land kommen musste, um sich so etwas anhören zu müssen, und das auch noch auf dem Annaberg. Ich begab mich zu den Bussen, um ihm zu beweisen, dass diese Schreihälse überhaupt nicht von hier waren, sondern dass sie aus anderen Gegenden kamen und extra angereist waren. Leider geht die Justiz mit solchen Vorfällen nachsichtig um. So kommt es zu einer Vergiftung der Atmosphäre, und wir müssen in dieser verpesteten Luft leben. Nationalisten und Chauvinisten unterschiedlichster Couleur erschweren den Versöhnungsprozess am meisten.

Freund zweier Päpste

„Die Wahl eines deutschen Papstes unmittelbar nach dem Papst aus Polen ist eine direkte Gabe des Heiligen Geistes.“

Alfons Nossol

❍ *Herr Erzbischof, Sie waren zunächst Schüler und dann ein Freund von Johannes Paul II. Sie sind auch ein Freund und Mitarbeiter von Benedikt XVI. Es gibt nicht viele polnische Bischöfe, die sich dessen rühmen können. Beginnen wir mit der Erinnerung an den polnischen Papst. Was konnte man bei Karol Wojtyła lernen?*

Als ich sein Student in Lublin war, imponierte mir, dass er in der Philosophie eigene Wege ging. Anders als an der ganzen Lubliner Universität. Seine Phänomenologie faszinierte mich, was ihm so manche strenge Thomisten verübelten. Er hatte es über viele Jahre in Lublin nicht leicht, wo er nur die Stellung eines Dozenten hatte. Es ist bezeichnend, dass man ihm die Professur erst verlieh, als er schon Papst war. Er blieb jedoch immer er selbst, was uns Studenten an ihm gefiel.

❍ *Welche Erinnerungen kommen bei Ihnen hoch, wenn Sie an den Professor Wojtyła denken?*

Die Überschrift zu seiner philosophischen Ethik, zu der ich mich bei ihm eingeschrieben hatte, trug den interessanten Titel: „Versuch einer Begründung der katholischen Sexualethik in Anlehnung an die Phänomenologie Max Schelers.“ Ein Bischof, der über Sexualethik doziert, war in sich schon etwas

Ungewöhnliches. Zu seiner Verlesung hatten sich über 200 Studenten verschiedener Fakultäten eingeschrieben. Für mich war es allein schon reizvoll, zu sehen, wie er seine Vorlesungen vorbereitete.

❍ *Und wie ging das?*

In der Konviktkapelle hatte man ihm einen eigenen Platz mit einer Leselampe eingerichtet. Dort schrieb er seine Texte. Wenn ich abends in die Kapelle ging, um Brevier zu beten, saß er immer an seinem Platz und arbeitete. Nur von Zeit zu Zeit unterbrach er das Schreiben, kniete nieder, stützte den Kopf in die Hände und betete. Nach einigen Minuten schrieb er weiter.

❍ *Waren seine Vorlesungen interessant?*

Ja, aber sie waren sehr schwierig. Er sprach schnell. Wenn man beim Mitschreiben einen Satz aus seinem Denksystem verlor, ging der ganze Gedanke verloren. Ich gehörte zu den Schnellschreibern, trotzdem hatte ich Lücken in den Notizen. Im Laufe der Zeit kamen immer weniger Studenten zu den Vorlesungen. Wir hatten im größten Saal der Uni begonnen und landeten nachher in einem kleinen Raum. Vor Weihnachten scherzte Professor Wojtyła und meinte, bis Semesterende würden wir eines natürlichen Todes sterben. Als es gegen Ende Juni sehr heiß war, waren zu den Prüfungen nur noch vier Studierende übrig geblieben. Zwei Studentinnen, ein Student, der Laie war und ich als einziger Priester. Die anderen überredeten mich zwei Wochen vor der Prüfung, ich sollte zu Bischof Wojtyła gehen und um sein Skript bitten, um es zusammenzufassen. Wir baten ihn also darum und er gab uns bereitwillig die Unterlagen. Ich erinnere mich, dass er einen Stoß handgeschriebener Papiere aus seinem Schrank herausnahm. Als ich mich bedankte und gehen wollte, rief er mich noch einmal zurück und meinte, wir sollten ihm die Seiten nicht durcheinander bringen. Ich verstand nicht, was er damit meinte. Erst als ich mir die Seiten anschaute, sah ich, dass sie eine ganz andere Zählweise hat-

Am Annaberg, im Juni 1983: Der Bischof begrüßt Johannes Paul II.

„So hilf mir doch..." - flüsterte Johannes Paul II, als er das Bild der Oppelner Gottesmutter krönte.

ten. Auf der ersten Seite stand „Te“, auf der zweiten „Deum“, auf der weiteren „laudamus“ und so weiter bis zum Ende des Hymnus „Großer Gott, wir loben dich.“ Dann kamen weitere Hymnen und Psalmen. Jetzt begriff ich, dass er in der Kapelle abwechselnd schrieb und meditierte. Das war keine sitzende oder diskutierende Theologie, es war vielmehr eine kniende und betende Theologie.

❍ *Hatten Sie später Gelegenheit, mit dem Heiligen Vater darüber zu sprechen?*

Als er schon Papst war, habe ich ihn während eines Abendessens im Vatikan darauf angesprochen. Wir unterhielten uns damals über die Theologie von Hans Urs von Balthasar. Aber der Papst konnte sich nicht mehr daran erinnern, dass er die Seiten seiner Texte auf so ungewöhnliche Weise gekennzeichnet hatte.

❍ *Die meisten Oppelner begegneten Johannes Paul II auf dem Annaberg. Angeblich war es äußerst schwierig, dort die Vesper zu organisieren.*

Das ist eine lange Geschichte. Ehrlich gesagt, war es überhaupt nicht vorgesehen, dass der Papst nach Oppeln kommt. Laut offiziellem Programm seiner Pilgerreise nach Polen im Jahre 1983 sollte er nur auf dem Wege von Breslau nach Kattowitz mit dem Hubschrauber über uns hinwegfliegen. Bei der Sitzung des Ständigen Rates der Bischofkonferenz sagte ich, dass sich unsere Diözesanen so ihre eigenen Gedanken darüber machen würden. Sie würden sofort sagen, der Papst besuche uns wegen der deutschen Minderheit nicht. Damit würde die Tatsache, dass der Papst nicht zu uns komme, einen politischen Aspekt bekommen. Der Sekretär der Bischofskonferenz, Bischof Dąbrowski, war wegen dieser Argumentation über mich verärgert. Schließlich meinte er, ich könnte ja selbst zum Papst fahren und versuchen, ihn zu überzeugen.

❍ *Sind Sie gefahren?*

Zum Glück war ich gerade erst von einem internationalen ökumenischen Treffen zurückgekommen und hatte meinen Reisepass noch nicht zurückgegeben. Somit konnte ich schon am nächsten Morgen nach Rom fliegen. Der Primas lieh mir sogar das Geld für das Flugticket. Also war ich schon am nächsten Tag bei Johannes Paul II. zum Abendessen.

❍ *Und wie haben Sie den Papst davon überzeugt, dass er zu uns kommen soll?*

Ich habe dem Heiligen Vater offen gesagt, dass man Oppeln wie immer vergessen habe. Und ich habe zuvor nicht intervenieren können, denn als das Programm über die Papstreise in der Bischofskonferenz beschlossen wurde, war ich in Rom und konnte daher an der Sitzung nicht teilnehmen. Der Heilige Vater fragte Stanisław Dziwisz, wann das Staatssekretariat des Heiligen Stuhls definitiv das Programm festlege. Das sollte am folgenden Tag erfolgen.

❍ *Ließ sich der Papst überzeugen?*

Ich habe angeführt, dass man das Programm in Breslau um zwei Stunden und das Programm in Kattowitz um eine Stunde kürzen könnte. Das würde für unsere Vesper ausreichen. Bei der Gelegenheit – so sagte ich – könnten wir dem Bild der Mutter Gottes von Oppeln päpstliche Kronen verleihen. Der Papst hatte Sorge, dass sich dies in der Kürze der Zeit bei der zuständigen Vatikanischen Kongregation nicht durchführen ließe. Doch ich wandte ein, wenn der Papst sage, ihm liege viel daran, würde man sich sicher beeilen. Bei dieser Gelegenheit erfuhr ich, dass der Heilige Vater das Bild in der Oppelner Kathedrale kannte und immer vor diesem Bild gebetet hatte, wenn er Bischof Jop, seinen Mitkonsekrator, in Oppeln besuchte. Der Papst sagte schließlich, ihm sei am Annaberg gelegen, vor allem als ich ihm erzählte, dass ein alter Schlesier mich im Ordinariat besucht habe, der da sagte: „Ich habe gehört, dass der Heilige Vater uns nicht besuchen wird. Bei uns im Dorf sagen die Leute, der Papst will nicht zu uns kommen, weil wir selbst nicht so polnisch sind wie der Heilige Vater." Der Papst war gerührt. „Denkst du auch so?" – fragte er mich etwas betroffen. „Nein," sagte ich, „ich will damit nur verdeutlichen, wie die Leute darüber denken, dass der Papst nicht zu uns kommen will, und dass sie traurig sind." Damit war das Thema beendet. Der Papst verlangte, ich solle am nächsten Tag zum Mittagessen kommen, wo die definitive Entscheidung für das Ja fiel.

❍ *Es ist bestimmt nicht leicht gewesen, den Besuch so schnell zu organisieren.*

Ich befürchtete, General Jaruzelski und seine Leute würden viele Schwierigkeiten machen. Deswegen schlug ich vor, das Treffen mit dem Papst solle in der Nähe des Denkmals für die schlesischen Aufständischen stattfinden. Ich wusste, dass man sich dem nicht gut widersetzen konnte. Doch schon bei der ersten Begegnung mit dem Organisationsteam wurde dieser Ort vom Vatikan als zu klein abgelehnt. Später zeigte sich, dass das richtig war. An dem Denkmal hätten höchstens dreißigtausend Menschen Platz gefunden, aber zur Begegnung mit dem Papst war über eine Million gekommen.

❍ *Die Leute fanden trotzdem auf den Feldern in der Nähe der Basilika problemlos Platz.*

Es kamen so viele Pilger, dass noch in letzter Minute zwei weitere Sektoren geschaffen werden mussten. Da das Treffen im Juni stattfand, musste das noch unreife Korn abgemäht werden, damit die Leute sich setzen konnten. Die Franziskaner verabredeten mit den örtlichen Bauern, dass sie ihnen so viel Korn liefern würden, wie sie normalerweise hier ernteten. Unter dieser Bedingung waren die Bauern bereit, ihr Getreide abzumähen und es an die Tiere zu verfüttern. In der Diözese ordneten wir eine Getreidesammlung an und bekamen dreimal so viel, wie gebraucht wurde. So konnten wir nicht nur die Landwirte, sondern auch noch umliegende Klöster mit Mehl versorgen.

❍ *Und wie verlief der Besuch auf dem Annaberg?*

Ich weiß noch, wie der Papst bei der Krönung des Marienbildes zunächst dem Jesuskind die Krone aufsetzte. Da er etwas kleiner war als ich, stelle er sich auf die Zehenspitzen, um das Haupt der Gottesmutter zu erreichen. Ich stand daneben, fühlte mich aber zu unwürdig, um mich bei der päpstlichen Krönungszeremonie einzumischen. Schließlich flüsterte mir der Papst zu: „So hilf mir doch, ich komme nicht hin." So angesprochen half ich ihm, und gemeinsam haben wir die Krone über dem Haupt der Gottesmutter befestigt. Und der Heilige Vater trat ein wenig vom Bild zurück, kniete nieder, schaute und sagte leise: „Wie schön sie doch ist ..."

❍ *Hat der Papst nachher noch etwas über seinen Besuch bei uns gesagt?*

Nach dem Gottesdienst flog ich zusammen mit dem Papst per Hubschrauber nach Krakau. Wir saßen uns gegenüber, und er fragte mich, was man unter uns sehen könne. Zum Glück hatte ich bei unserer Miliz vorher einen Schnellkurs in Topografie absolviert und wurde damit ganz gut fertig. Ich zeigte dem Papst, wo das Oppelner Land endete und die Kattowitzer Gegend begann, und wo vor dem Krieg die Grenze verlief. Als wir näher an Krakau kamen, musste der Heilige Vater mir erklären, was wir aus dem Fenster des Hubschraubers sahen. Plötzlich sagte er: „Weißt du, wenn ich nicht auf den Annaberg gekommen wäre, hätte mir etwas Wichtiges auf meiner Pilgerreise gefehlt. Eure Vesper war sehr schön." Und nicht nur der Papst erinnerte sich daran, sondern auch sein Kammerdiener, ein sehr lustiger Mensch. Als er beim Mittagessen dem Papst Suppe eingoss, fügte er bei der zweiten Kelle hinzu: „Für die heilige Anna." Später verriet er mir, wie sehr ihm der Gesang und die Begeisterung der Oppelner Bevölkerung gefallen hatte.

❍ *Und wie kam die Bekanntschaft und schließliche Freundschaft mit Joseph Ratzinger zustande?*

Mit Kardinal Joseph Ratzinger, dem künftigen Papst Benedikt XVI., in Oppeln.

Lange bevor ich ihn persönlich kennen lernte, habe ich mich mit seinen Büchern intensiv beschäftigt. Noch in Lublin gehörte er zu meinen theologischen Lieblingsautoren. Er vermag es, unglaublich präzise die Essenz, das Wesen einer Sache, darzulegen, er hält sich nicht mit Nebensächlichkeiten auf. Deshalb hat er seine erste Enzyklika auch der Liebe gewidmet, die das Wesen, ja eine gewisse Definition Gottes darstellt. Auch mit der Schönheit seiner Sprache hat er mich immer begeistert. Aber das schätzte nicht nur ich. Mit Rücksicht auf sein ausgezeichnetes Französisch wurde er – als einziger Kardinal, der nicht Franzose ist – in den Kreis der Academie Française aufgenommen. Das Schöne spielt in seiner Theologie überhaupt eine wichtige Rolle. Damit begeistert Benedikt XVI. auch junge Leute, die für das Schöne empfänglich sind, unabhängig davon, ob sie gläubig sind oder nicht.

❍ *Welches seiner Bücher hat den größten Eindruck auf Sie gemacht?*

Zu den wichtigsten gehört seine „Einführung in das Christentum", das heißt die Synthese der nachkonziliaren Theologie. Ich kaufte es mir 1967 in Stockholm und es war damals für mich eine echte Entdeckung.

❍ *Warum gerade in Stockholm?*

Das ist eine lange Geschichte. Ich fuhr immer in den Ferien dorthin, um meinen Onkel, der Salesianer war, im Urlaub zu vertreten. Deshalb habe ich auch während meiner Studien in Lublin Schwedisch gelernt. Seither konnte ich – so wie das auch mein Onkel fast 50 Jahre lang tat, an Sonntagen in Stockholm drei heilige Messen feiern: auf Deutsch, Polnisch und Schwedisch. Die Predigten in schwedischer Sprache schrieb ich schon am Mittwoch und die Haushälterin meines Onkels, eine Frau aus Österreich, hat sie mir korrigiert. Sie übte mit mir vor allem den schwierigen, doppelten schwedischen Akzent. Dann saß sie in der Kirche in der ersten Bank und nickte mit dem Kopf, um mir

Mut zu machen. Am dritten Sonntag sagte sie: „Na, heute ist uns die Predigt endlich gelungen.“ Mein Schwedisch wurde in der Tat immer besser. Während der Andersenwoche ging ich zu Lesungen seiner Märchen. Noch heute höre ich die Stimme der Schauspielerin, die die Märchen wirklich schön vortrug. Mit der Zeit konnte ich nicht nur die heilige Messe auf Schwedisch zelebrieren, sondern auch Beerdigungen und Hochzeiten gestalten.

❍ *Wie kam es, dass Sie ein Buch dieses bedeutenden deutschen Theologen gerade im protestantischen Schweden kauften?*

Ich sah es in einer katholischen Buchhandlung der Jesuiten in Stockholm. Leider hatte ich nicht genug Geld, um das Buch zu kaufen. Damals durfte man nur einen Betrag von fünf Dollar aus Polen ins Ausland mitnehmen, und mein Onkel hatte mir kein Geld dagelassen. Er ging davon aus, wer kein Geld hat, sollte auch nicht verreisen. Er war überhaupt äußerst sparsam. Wenn er mich ins Geschäft schickte, um Kartoffeln zu kaufen, ließ er nur so viele bringen, wie wir brauchten, nämlich fünf Stück. Um zu sparen, lief ich zu Fuß durch Stockholm, denn der Bus kostete eine Krone. Das war so viel, wie eine Bratwurst kostete, und meine fünf Dollar waren umgerechnet nur 25 Kronen wert. Als ich die Buchhandlung betrat, hatte ich 20 Kronen in der Tasche, das Buch kostete aber 22 Kronen. Ich bot an, in einigen Tagen die fehlenden zwei Kronen nachzuliefern. Aber der Buchhändler, ein Jesuit, lehnte ab. Nur mit Mühe konnte ich ihn dazu bringen, mir das Buch zurückzulegen.

❍ *Und wie haben Sie die fehlenden zwei Kronen beschafft?*

Zum Glück wurde ich gebeten, im Kloster der Schwestern von Notre Dame, im Stadtteil Naka, in Vertretung des dortigen Pfarrers eine Messe zu halten. Die Schwestern gaben mir als Messstipendium sieben Kronen. Gegen Ende meines Aufenthalts in Stockholm konnte ich deshalb „meinen“ Ratzinger kaufen.

In Krawaren beim 25. Priesterjubiläum von Pfarrer Leonrad Gajda. Der nicht angekündigte Besuch von Kardinal Ratzinger war für die Gemeinde eine Sensation.

❍ *Und dann haben Sie sicher sofort mit dem Lesen angefangen.*

Das Buch war so faszinierend, dass ich es schon auf dem Rückweg auf der Fähre gierig las. Plötzlich tauchte ein DDR-Zöllner bei mir auf und verlangte, ich solle das Buch abgeben, weil man keine westdeutschen Bücher in die DDR einführen durfte. Er ließ sich nicht erklären, dass ich das Buch nicht in die DDR einführe, sondern Transit nach Polen fahre, und nach Polen könne man Bücher aus der BRD offiziell per Post schicken. Er ließ sich nicht überzeugen und nahm mir das Buch weg. Er war derart lästig, dass ich ihm das Buch aus der Hand riss und sagte, ich lasse mich nicht bestehlen. Er drohte, dass mir somit die polnischen Beamten das Buch wegnehmen würden. Und tatsächlich, als ich schon im Zug saß, erschien ein polnischer Oberleutnant mit zwei DDR-Gefreiten und wollte mir das Buch wegnehmen. Meine Erklärung half nicht, dass ich Dozent an der Katholischen Universität Lublin sei und ich diesen Band für meine Vorträge benötige und dieses Buch neu sei. Es tat mir sehr leid, denn um das Buch zu kaufen, war ich in Stockholm hungrig herumgelaufen. Der Oberleutnant blieb hart, er nahm mir das Buch weg und steckte es in seine Aktentasche. Der DDR-Beamte lachte triumphierend hinter dessen Rücken. Schließlich verließen alle das Abteil. Der Oberleutnant kam noch kurz zurück und flüsterte mir zu, ich solle sofort zur Toilette gehen, sobald sich der Zug in Bewegung gesetzt hatte. Der Zug war kaum angefahren, da rannte ich zum WC. Das Buch lag tatsächlich auf dem Toilettensitz. Aus den Augenwinkeln sah ich den DDR-Zöllner. Ich konnte mich kaum beherrschen, um ihm das Buch nicht zu zeigen.

❍ *Haben Sie Joseph Ratzinger die Geschichte erzählt, als sie miteinander schon befreundet waren?*

Ich habe sie ihm nach einem gemeinsamen Mittagessen erzählt, bei Kaffee und einem Schluck Wein, als er noch nicht Papst war, sondern Kardinal und Präfekt der Glaubenskongregation. Er lachte und sagte, er habe Schuldgefühle, dass sein Buch mich in solche Schwierigkeiten gebracht hatte. Sonntags kochte seine Schwester bei ihm. Das Essen war sehr gut und fett, typisch bayrisch. So ähnlich wie in Schlesien.

❍ *War das Buch nützlich?*

Sehr nützlich. Zum Abschluss eines jeden theologischen Traktats habe ich den Studenten mit Ratzinger in der Hand erklärt, wie man dieses Wissen in der Katechese anwenden könne. Die Studenten hörten aufmerksam zu. Sie baten sogar darum, den theoretischen Teil wegzulassen und sofort zu Ratzinger überzugehen. Das waren derart neue Gedanken, dass mich manche Studenten fragten, ob das denn noch katholisch sei. Ich versicherte ihnen, dass es katholische Theologie sei und ihr Verfasser ein berühmter Professor an der Universität Tübingen. Ich freute mich sehr, dass ich das Buch vor den DDR-Zöllnern gerettet hatte und daher Ratzinger an der Universität in Lublin bekannt machen konnte.

❍ *Und wie haben Sie Joseph Ratzinger kennen gelernt?*

Das war während eines Treffen von Theologen für systematische Theologie. Wir verstanden uns auf Anhieb. Wir haben viel miteinander geredet und gingen schließlich zum Du über.

❍ *Und Sie haben nicht nur über Theologie gesprochen?*

Natürlich nicht. Ihn interessierte die polnische Jugend und unser Leben in Schlesien. Das erste Mal habe ich ihn zu uns eingeladen, als er Bischof in München war. Doch für den Besuch fand er erst als Präfekt der Glaubenskongregation Zeit. Wir vereinbarten, dass er im Juni 1983 zur Wallfahrt der Männer und der männlichen Jugend kommen sollte. Als wir das verabredeten, konnten wir noch nicht wissen, dass fünf Tage vor diesem Termin Johannes Paul II. diesen Ort besuchen würde. Der Kardinal wollte verzichten. Er meinte, so kurz nach dem

Papstbesuch würde ja niemand zu ihm kommen wollen. Aber ich konnte ihn beruhigen, dass etwa zwanzigtausend Männer und Jugendliche teilnehmen würden. Es fanden sich dann über fünfzigtausend Menschen ein. In der Lourdesgrotte hatten wir keinen Platz. Zum Glück war weder der Papstaltar noch die Beschallung abgebaut. Der Kardinal hat an diesem Altar zelebriert und war über die Menschenmassen sehr bewegt. Auf dem Rückweg vom Annaberg setzten wir mit der Fähre über die Oder über. Der Kardinal erinnerte sich daran, dass er früher einmal eine solche Fähre über den Inn in Bayern benutzt hatte. Er hat Bayern immer gerne mit Schlesien verglichen. Und wir erinnerten uns an unsere Jugend.

❍ *Blieb der Kardinal länger in Schlesien?*

Wir waren damals u.a. in Krakau, Tschenstochau, Breslau und Trebnitz. Wir fuhren auch nach Preußisch Krawant (Krowiarki) bei Ratibor zum 25-jährigen Priesterjubiläum von Pfarrer Leonard Gajda. Kardinal Ratzinger hatte wissen wollen, wie man bei uns solche Feste begeht. Ich hatte niemandem gesagt, dass ich nicht alleine komme, sondern mit dem Präfekten der Glaubenskongregation höchstpersönlich. Die Gastgeber hatten, wie es in der Gegend üblich ist, an die Grenze der Pfarrei eine Pferdekutsche zur Abholung des Bischofs geschickt. Das Problem war allerdings, dass es in dieser Kutsche nur einen Platz für den Bischof gab. Ich bat den Herrn Kardinal, sich auf den Ehrenplatz zu setzen, und ich setzte mich neben den Kutscher auf den Bock. Ich bat den Kutscher, mir wenigstens die Peitsche zu überlassen, damit ich nicht so untätig dasaß.

❍ *Der Herr Kardinal war auch in Steinfurt (Chorula)?*

Er hat dort den Grundstein für die im Bau befindliche Kirche geweiht. Er schaute auf die hohen Schornsteine und hielt eine wunderbare Predigt über die Harmonie zwischen Arbeit und Gebet. Später fragte er öfter nach „seiner“ Kirche in Steinfurt. Der Kardinal war auch zum Kaffee in meinem Elternhaus, dabei wunderte er sich, dass meine beiden älteren Brüder so perfekt deutsch sprachen. Ich erklärte ihm, dass alle Schlesier dieser Generation in eine deutsche und nicht in eine polnische Schule gegangen waren. Im Kapitelsaal unseres Ordinariats gab er dann selbst eine vorzügliche Darbietung seines sprachlichen Könnens. Da vor allem ältere Priester anwesend waren, fragte er, in welcher Sprache er sprechen solle. Sie entschieden sich für das Lateinische. Der Kardinal hielt eine fehlerlose Vorlesung auf Latein, obgleich er seinen Text auf deutsch vor sich hatte. Er übersetzte seinen Text sofort selbst. Dieser Mensch ist ein Perfektionist. Seit ich ihn kenne, ist er immer am Lesen oder Vokabellernen. Eigentlich lernt er ständig.

❍ *Als es zum Konklave kam, haben Sie da vermutet, dass Joseph Ratzinger gewählt werden könnte?*

Mir kamen derartige Gedanken. Ich dachte mir, sofern ein Theologe gewählt werden sollte, dann könne es nur der beste sein, aus der höchsten Klasse. Ähnlich dachten viele Leute der Kirche. Kardinal Meisner erzählte mir, dass er kurz vor dem Konklave in einem bayrischen Restaurant in der Nähe des Vatikans gewesen sei. Der Wirt spekulierte, wer wohl Papst werden könnte und sagte zu Kardinal Meisner, dass er zum nächsten Abendessen vielleicht schon als Papst käme. Meisner sagte, dies sei nicht möglich, weil immer der beste gewählt würde. Er hatte sich nicht vertan. Ich hatte nur Sorge, dass die Kardinäle zwar Ratzinger wählen könnten, er aber wegen seines Alters und seiner gesundheitlichen Beschwerden ablehnen würde.

❍ *Was fehlte dem Papst?*

Als Kardinal hatte er zwei Schlaganfälle, beim ersten hatte er sogar das Bewusstsein verloren. Zum Glück war schnell Hilfe gekommen. Benedikt XVI. ist ein äußerst pünktlicher Mensch. In Rom konnte man die Uhr danach stellen, wann er seine Wohnung zur Arbeitstelle verließ und wann er zurückkam. Er hat dabei wohl dem berühmten Philosophen Immanuel Kant aus

Königsberg nachgeeifert, nach dem man die Uhr stellen konnte. Als der Kardinal damals nicht pünktlich zum Mittagessen nach Hause kam, rief seine Schwester in der Kongregation an. Der Portier fand ihn in seinem Arbeitszimmer. Er lag blutend an einen Heizkörper gelehnt. Sofort brachte man ihn in die Klinik Gemelli, wo es den Ärzten gelang, ihn wiederherzustellen.

❍ *Herr Erzbischof, wie haben Sie auf die Wahl von Benedikt XVI. reagiert?*

Ich hörte die Nachricht in meiner Wohnung im Radio und lief sofort zur Kathedrale, wo gerade eine Messe stattfand, um den Gläubigen die Nachricht zu verkünden. Genauso machte ich es am 16. Oktober 1978 nach der Wahl von Johannes Paul II.: Die Messbesucher reagierten auf den Namen Ratzinger und Benedikt XVI. mit Applaus. Ich war damals davon überzeugt und bin es noch heute, dass die Wahl eines Deutschen als Nachfolger eines polnischen Papstes eine Gabe des Heiligen Geistes ist. In einer meiner Predigten nach dem Konklave sagte ich, dass mit dieser Wahl der Zweite Weltkrieg ein für allemal zu Ende gegangen sei. Gott selbst habe uns ein deutliches Zeichen gegeben, das uns zur Versöhnung zwischen unseren Völkern aufrufe.

❍ *Haben die polnischen Bischöfe diese Auffassung geteilt?*

Nach der Beisetzung von Johannes Paul II. und der Predigt von Kardinal Ratzinger, die so voller aufrichtiger Hoffnung und Wärme für den polnischen Papst war, der uns nun vom Himmel aus segne, wurde die Wahl sehr gut aufgenommen. Trotzdem hat die deutsche Herkunft des Papstes manchen Bischöfen etwas missfallen. Generell haben die Polen die Wahl des neuen Papstes aber sehr wohlwollend und ganz sicher mit größerer Begeisterung als die Deutschen selbst aufgenommen. Doch wenn allein die Polen und die Deutschen den neuen Papst zu wählen gehabt hätten, wäre Kardinal Ratzinger nie Papst

Begegnung mit Papst Benedikt XVI. Im Hintergrund Kardinal Walter Kasper.

geworden. Erst während seines Polenbesuchs hat der Heilige Vater die Herzen der Polen vollkommen erobert, und er wurde überall herzlich empfangen. Diese Atmosphäre wollte eine Journalistin des deutschen Fernsehens nicht teilen. In Krakau fragte sie mich fortwährend nach der konservativen Haltung des Papstes und meinte, dass er doch ein „Panzerkardinal" sei. Sie wollte mir dabei ihre eigene Sicht des Papstes Benedikt XVI. aufzwingen. Schließlich habe ich scharf protestiert. Doch das Fernsehen hat das nicht gezeigt.

❍ *Wenn der Freund Papst wird, ist dann die Freundschaft zu Ende?*

Nicht unbedingt, weil Benedikt XVI. er selbst geblieben ist. Mit den Theologen, die er vor der Papstwahl gut gekannt hatte, ist er weiterhin per Du. Als ich ihn zum ersten Mal nach dem Konklave traf – das war in Köln – wollte ich ihm die Huldigung erweisen, die man einem Papst gegenüber zu pflegen hat. Als ich meinen Pileulus abnahm und die Kniebeuge machte, hat mich der Heilige Vater hochgehoben und vorgeschlagen, dass alles so bleiben solle, wie bisher. Das hat sich dann bei der Begegnung mit dem Papst beim ersten „ad limina Besuch“ bestätigt. Wir haben lange und sehr herzlich miteinander gesprochen.

❍ *Sie haben in diesem Jahr Ihr Amt als Erzbischof zur Verfügung gestellt. Erfolgte der Meinungsaustausch mit dem Papst dazu nur offiziell auf schriftlichem Wege, oder kam es auch zu einem persönlichen Gespräch darüber?*

Bei dem erwähnten „ad limina Besuch“ sprachen wir erstmals darüber. Der Papst sagte damals: Du bist glücklich, dass Du auf Dein Amt verzichten kannst. Ich dagegen habe lebenslänglich bekommen. Ein halbes Jahr später fragte er mich bei der Abschlussaudienz für den Päpstlichen Rat der Einheit der Christen, wie lange ich noch bis zur Emeritierung habe. Er wollte wissen, ob ich wirklich weg will. Ich bestätigte, dass ich dazu entschlossen sei. Und da sagte der Heilige Vater: Wir werden sehen.

❍ *Waren Sie entschlossen, zurückzutreten?*

Absolut. Ich bat den Nuntius, er möge in meinem Fall nicht um eine Verlängerung meines Dienstes nachsuchen. Ich selbst habe das auch nicht getan. Ich hatte schon einen Plan, was ich dann machen würde. Ich wollte drei meiner Bücher abschließen, zwei davon sind schon fast fertig. Ich hatte auch vor, aus Oppeln nach Groß Stein zu ziehen, damit mein Nachfolger sich nicht beobachtet fühle und seinen eigenen Stil einführen kann. Allein die Synodenbeschlüsse wären für ihn bindend. Denn sie geben die Richtung für unser Diözesanrecht und die Seelsorge vor. Als der Papst meinen Dienst um zwei Jahre verlängerte, habe ich mit ihm nicht mehr darüber gesprochen. Ich bin der Auffassung, wenn die Entscheidung gefallen ist, dann hat es keinen Sinn, daran erneut zu rütteln.

❍ *Über zwanzig Jahre war Joseph Ratzinger unter dem Pontifikat von Johannes Paul II. der Präfekt der Glaubenskongregation und blieb bewusst in seinem Schatten. Waren diese beiden bedeutenden Menschen miteinander befreundet?*

Über die vielen Jahre trafen sie sich mindestens einmal wöchentlich, und sie sprachen dabei immer Deutsch. Ich hatte Gelegenheit, einmal zusammen mit Ratzinger beim Papst zum Mittagessen zu sein. Der Heilige Vater scherzte und meinte, diesmal müsse Kardinal Ratzinger nicht verlegen sein, dass der Papst mit ihm deutsch redet. Beide waren nicht nur miteinander befreundet, sondern sie ergänzten sich auch. In ihrer Haltung war nichts von dem, was bei Słowacki vorkommt, der über sich und Mickiewicz gesagt hat, sie seien zwei Götter auf gegensätzlichen Sonnen. Beide waren sich dessen bewusst, dass sie der Kirche dienen und die Menschen zur vollkommenen Gotteskindschaft führen wollen. Der Papst konnte absolut sicher sein, dass die Kongregation unter Kardinal Ratzinger im Einklang mit ihrer beider Vision arbeitet und mit Hilfe des Heiligen Geistes bemüht ist, die Kirche zu vollem Glück zu führen, das heißt zur Erlösung. Der Präfekt schätzte die humanistische Haltung des Papstes gegenüber der Welt und dem Menschen. Er war sehr davon angetan und bewunderte diese Eigenschaft des Papstes, über die er selbst nicht verfügte.

❍ *Als Menschen waren beide anders ...*

Sie hatten verschiedene Persönlichkeiten. Johannes Paul II. war offen und gesellig, er mochte die Kontakte zu Menschen und die öffentlichen Auftritte. Kardinal Ratzinger ist eher zurückhaltend und ungewöhnlich präzise, jemand der alles genau durchdenkt. Aber diese beiden Naturen rieben sich nicht aneinander, sondern sie ergänzten sich vorzüglich. Bis zum Lebensende von Johannes Paul II. lernten sie immer noch voneinander.

Ökumene

„Vater gib, dass alle eins seien, damit die Welt glaubt, dass du mich gesandt hast.“

Johannes 17,21

❍ *Herr Erzbischof, Sie nehmen seit einigen Jahrzehnten am ökumenischen Dialog auf Weltebene teil. Das betrifft sowohl die orthodoxe Kirche als auch die protestantischen Kirchen. Welches ist der wesentliche Sinn der Ökumene?*

Die Ökumene trägt erheblich zur Versöhnung und Verständigung in der Welt bei. Die Kirchen gründen auf dem Evangelium. Und das Evangelium ist eine große Schule des Dialogs. Der Dialog, der als eigentliche Muttersprache der Menschheit gilt, ist gleichzeitig eine bedeutende Schule des Menschseins. Er trägt dazu bei, aus Feinden Gegner zu machen, und Gegner allmählich Freunde werden zu lassen. Der ökumenische Dialog – besonders der europäische – ist dazu angetan, unseren Kontinent in eine Gemeinschaft des Geistes zu verwandeln. Das wird vor allem an den Europäischen Versammlungen der Ökumene deutlich (Basel – Graz - Sibiu in Rumänien). Jede andere politische Internationale ist am Ende. Die Ökumene hat sich dagegen als letzte und einzige erfolgreiche „Internationale“ erwiesen. Das wurde möglich, weil sich das Evangelium – seinem Wesen nach richtig verstanden – nicht politisch einengen lässt. Der heilige Paulus sagt in seinem Brief an die Galater ganz direkt: In Christus sind wir alle eins. Es gibt nicht mehr Juden oder Griechen, Frauen oder Männer ... (vgl. Galater 3,28).

❍ *Sind Sie schon Versuchen begegnet, die Ökumene zu politischen Zwecken zu nutzen?*

Im Allgemeinen ist die Ökumene frei von derlei Belastungen. Wenngleich man mir einmal bei einer Begegnung in Korea ein Dokument zu Unterschrift vorzulegen versuchte, das eine scharfe antiamerikanische Erklärung enthielt. Ich war dort als Fachmann für die Ökumene eingeladen, weil die dortigen Kirchen unsere Erfahrungen für die Versöhnung zwischen Nord- und Südkorea nutzen wollten. Die Gastgeber wollten unbedingt, dass ich den koreanischen Text unterschreibe. Ich erklärte ihnen, dass ich aus Polen komme, wo der reale Sozialismus herrscht, somit kenne ich das Prinzip von Lenin, dass Vertrauen gut, aber Kontrolle besser ist. Daher möchte ich den englischen Text der Erklärung haben. Man hat ihn mir bis zum Schluss der Veranstaltung nicht gegeben und ich habe auch nichts unterschrieben. Den Inhalt des Dokuments kannte ich letztlich nur aus dem Fernsehen. Er war extrem antiamerikanisch.

❍ *Manchmal hat man den Eindruck, der ökumenische Dialog kommt derart langsam voran, dass wir seine konkreten Ergebnisse wohl selbst nicht erleben werden.*

Das Ziel, das heißt die Einheit, ist klar umrissen. Es ist schon gelungen, viele Dokumente und Vereinbarungen zwischen den einzelnen Kirchen zu unterzeichnen, aber Papiere – wie wir nur zu gut wissen – machen noch keine Ökumene. Sie sind lediglich ein Beweis dafür, dass wir solide Arbeit leisten. Und wann die Stunde der Einheit schlägt und wie diese versöhnte Vielfalt aussehen wird, darüber entscheidet allein der Heilige Geist. Die Einheit der Christen kann nicht ausschließlich von Menschen „fabriziert" werden.

❍ *Was hätten die Ökumeniker mithin zu tun?*

Wir haben beschlossen, unter der Schirmherrschaft unserer Kirchen und Gemeinschaften möglichst viele Initiativen aus

Mit Marian Niemiec (links), dem Pfarrer der evangelischen Gemeinde in Oppeln und dem katholischen Beauftragten für Ökumene, Pfarrer Siegfried Glaeser.

dem Bereich der Werke der Barmherzigkeit in die Tat umzusetzen. Das betrifft auch die Ordnung in der Welt und den Umweltschutz, also den Bereich der Ökotheologie. Auf diese Weise wollen wir einen Beitrag zur Versöhnung zwischen Gott und dem Menschen leisten und auch zur Versöhnung des Menschen mit sich selbst, weil der heutige Mensch oft innerlich zerrissen ist. Daher bedarf es der Versöhnung mit dem anderen Menschen und mit der Schöpfung. Das ist eine mehr praktisch und mittelbar ausgerichtete Ökumene.

❍ *Meinen Sie nicht, dass es bei uns in Polen noch zu wenige Beispiele einer praktischen ökumenischen Zusammenarbeit zwischen den Gemeinden der einzelnen Kirche gibt?*

Ein solcher Eindruck kann aufkommen, weil die Katholiken bei uns die große Mehrheit ausmachen. Aber eine Zusammenarbeit gibt es durchaus. So kam es z.B. auch in Oppeln dazu, als während des Hochwassers 1997 die evangelische Pfarrgemeinde die Schlüssel zur Kirche des hl. Sebastian erhielt und sie ohne Einschränkungen nutzte, bis die durch die Fluten zerstörte evangelische Kapelle wiederhergestellt war. Und in diesem Jahr hat der Pfarrer der Gemeinde, Marian Niemiec, bei uns an der Theologischen Fakultät seine Promotion in ökumenischer Theologie abgeschlossen. Diese Dissertation kann man in unserer katholischen Fakultät als historisch bezeichnen.

❍ *Dank Ihrer Initiative kommt der weltweite ökumenische Dialog von Zeit zu Zeit auch in das Gebiet von Oppeln.*

Das stimmt. Sowohl in Oppeln als auch in Groß Stein hat es verschiedene ökumenische Begegnungen gegeben, sowohl katholisch-orthodoxe als auch katholisch-evangelische. Als 1995 die katholisch-orthodoxe Weltkommission in Oppeln tagte, haben wir unsere östlichen Brüder zur Fronleichnamsprozession eingeladen. Sie haben lange überlegt, ob sie daran teilnehmen könnten, weil es in den Ostkirchen keine Prozessionen mit dem Allerheiligsten gibt. Am Vorabend der Feierlichkeiten fragten sie mich eindringlich, ob ich der Meinung sei, ihre Teilnahme würde der Einheit dienen. Ich habe das sehr nachdrücklich bejaht. Sie kamen und waren sehr angetan. Die Liturgie an den vier Altären fand in vier verschiedenen Sprachen statt: polnisch, lateinisch, griechisch und alt-kirchenslawisch. Die Gäste stimmten laut in die griechischen und slawischen Gesänge ein. Schließlich sagten sie übereinstimmend, dass ihr Wegbleiben von den Oppelner Gläubigen sicher schlecht aufgenommen worden wäre. Verschiedene Teilnehmer des ökumenischen Dialogs nahm ich manchmal auch in mein heimatliches Broschütz mit. Dort waren u.a. Kardinal Walter Kasper und der für den lutherischen Dialog zuständige Bischof von Budapest, Bela Harmati.

❍ *Ist die Tatsache, dass die Christen formal keine Einheit bilden wirklich so ein Drama? Vielleicht ist auch der freundschaftliche Dialog schon ein ausreichender Wert?*

Ökumenischer Gottesdienst in Broschütz. Neben Nossol stehen der lutherische Bischof Bela Harmati von Budapest und Kardinal Walter Kasper.

Zur echten Einheit verpflichtet uns die Verfassung des Christentums, nämlich das Evangelium. Christus hat uns im Abendmahlssaal ein deutliches Testament hinterlassen: „Vater, lass sie eins sein, damit sie glauben, dass du mich gesandt hast.“ Ohne die Einheit wird die Welt nicht zutiefst glauben können.

❍ *Muss man diese Einheit aber auch administrativ verstehen?*

Ich vermute, dass es zu einer administrativen Einheit überhaupt nie kommen wird. Diesen Gedanken hat auch Johannes Paul II. in seiner Enzyklika „Ut unum sint“ (Damit sie eins seien) zum Ausdruck gebracht. Darin hat er die orthodoxen und evangelischen Brüder gebeten, sie mögen ihm dabei helfen, für die Ausübung seines Amtes die entsprechende Form zu finden. Wir können nicht erwarten, dass alle Christen irgendwann in den Schoß der Römisch-katholischen Kirche zurückkehren.

Eine Kirche ohne Katholizität kann es aber nicht geben. Katholisch bedeutet auch ganzheitlich, allumfassend, universal. Deswegen wiederhole ich immer, dass ich als Teilnehmer am ökumenischen Weltdialog immer mehr „katholisch" werde, also mehr allumfassend.

❍ *Was können die einzelnen Kirchen von einander lernen?*

Wir alle haben einander viel anzubieten. Die Katholiken können stolz sein auf ihre Offenheit gegenüber anderen. Wir brauchen aber mehr evangelische Tiefe, die sich auf Christus, auf das Kreuz und auf die Heilige Schrift, konzentriert. Von den Orthodoxen können wir dagegen eine Dynamik lernen, die für den Heiligen Geist offen ist. In der katholischen Kirche haben wir den Heiligen Geist etwas vernachlässigt. Für uns war er oft eine große Unbekannte in der Trinität. Unsere Brüder im Osten heben viel mehr die Tatsache hervor, dass alles, was sich in der Kirche ereignet, in den Heiligen Geist eingebettet sein sollte. Alle Christen, die sich vom großen christlichen Dreieck ableiten, benötigen daher mehr katholische Breite und Weite, mehr evangelische Tiefe und mehr orthodoxe Dynamik aus der Kraft des Heiligen Geistes.

❍ *Die am Dialog Beteiligten sprechen oft von der „ökumenischen Haltung". Was ist damit gemeint?*

Die erste und wichtigste Haltung in der Ökumene ist die Bekehrung, nicht von einer Konfession zur anderen, sondern die immer tiefere Bekehrung zu Christus hin. Meine These lautet: Je mehr wir uns dem Kreuz Christi annähern und es umarmen, umso mehr werden wir auch einander umarmen können. Und dann schlägt die Stunde der Einheit, weil die konfessionelle Enge geringer wird. Um einen ökumenischen Dialog führen zu können, brauchen wir einerseits eine eindeutige Identität. Wenn sich jemand zu keiner Kirche bekennt, weiß man nicht, worüber man mit ihm reden soll. Andererseits muss diese Identität offen

Mit dem Patriarchen der Ostkirchen vor der Oppelner Kathedrale.

sein. Wenn sich jemand abkapselt wie in einem Gehäuse, kann man keinen Dialog mit ihm führen.

❍ *Wie sehen die echten Erfolge in der Ökumene aus?*

Während des über Jahrzehnte andauernden interkonfessionellen Dialogs ist es gelungen, dass die verschiedenen Kirchen und Gemeinschaften einander im Bereich der jeweiligen Mentalität und Sensibilität besser kennengelernt haben. Und anschließend begannen sie - so wie Johannes Paul II. uns gelehrt hat - ihre Andersartigkeit als Reichtum und nicht als Fremdheit zu begreifen. Entgegen allem Anschein ist das sehr viel.

❍ *Herr Erzbischof, ist es für Sie nicht enttäuschend, dass nach dem langen ökumenischen Dialog im Grunde genommen sowohl die römischen Katholiken, als auch die Orthodoxen und Lutheraner, die anderen Kirchen zwar schätzen, aber nur sich selbst als richtige Kirche betrachten?*

Es kann nur eine Kirche Christi geben, d.h. eine heilige, katholische, also allgemeine und apostolische Kirche. Vor dem Zweiten Vatikanischen Konzil glaubten wir, dass diese Attribute nur der römisch-katholischen Kirche zukommen. Die anderen Kirchen waren nach dieser Auffassung Kreise, die vom Zentrum, das heißt von Christus, entfernt waren. So drückte es Papst Pius XII. in seiner Enzyklika über den mystischen Leib Christi aus. Diese unverzichtbaren Attribute sind nach der Lehre des Konzils in der katholischen Kirche vorhanden. Wir glauben, dass diese Anwesenheit bei uns am vollkommensten ist. Die Orthodoxen glauben, dass diese Eigenschaften in ihrer Kirche am stärksten ausgeprägt sind. Die nachreformatorischen Gemeinschaften sind nach ihrem Selbstverständnis und im eigenen Bewusstsein auch Kirchen, wenngleich sie aus katholischer Sicht im engeren Sinne nicht Kirchen sind, was der Präfekt der Glaubenskongregation unlängst in einem Dokument bestätigt hat. Aber das ist eine Sache des Glaubens und lässt sich nicht auf eine intellektuelle

Weise belegen. Gemäß römisch-katholischem Verständnis wollen weder die Evangelischen noch die Orthodoxen eine solche Kirche sein, denn dann hätte es ja keiner Reformation bedurft. Die Lutheraner sind einfach Kirche nach lutherischem Verständnis.

❍ *Das Dokument, das Sie ansprechen, ist in Polen kaum auf Interesse gestoßen, aber in Deutschland hat es ein Gewitter verursacht. Weshalb versteht die katholische Kirche die Lutheraner nur als Gemeinschaft und nicht als Kirche in vollem Sinne?*

Weil sie den Papst und einige Sakramente nicht anerkennen. Man darf übrigens daran erinnern, dass Martin Luther Ehe und Buße als Sakramente beibehalten wollte. Er hat sich hier dem gesellschaftlichen Druck gebeugt. Man hatte Luther gedroht, dass er für den Fall der Beibehaltung der sakramentalen Ehe, den Reichsständen ausgeliefert würde, was für ihn den Scheiterhaufen bedeutet hätte. Luther selbst soll angeblich bis zu seinem Lebensende gebeichtet haben. Er wollte das Sakrament der Buße nicht preisgeben, doch der gesellschaftliche Aspekt der Reformation erwies sich als stärker als die Reform der Kirche. Luther strebte eigentlich eine Reform an, die die Kirche damals sehr nötig hatte, er wollte keine „Reformation" und hat weder eine solche vorausgesehen, noch die damit verbundenen Religionskriege einkalkuliert. Luther war ein tiefgläubiger Mensch, ein homo religiosus. Leider musste er sich den Forderungen der höheren Stände unterordnen, die zur Trennung der Kirche im Westen geführt haben.

❍ *Ist es manchmal nicht so, dass Sie sich gerade deshalb mit der Ökumene befassen, weil Sie in einem Grenzgebiet aufgewachsen sind, in diesem kulturellen Schmelztiegel Schlesien? Muss man vielleicht über die Erfahrung solcher Grenzsituationen verfügen, um die Ökumene „erfühlen" zu können?*

Man muss vor allem im vollen Sinne Mensch sein. Wenn wir nur Gott allein die Ehre erweisen, dabei aber der Mensch leidet, so wären wir nicht authentisch. Der beste theologische Ort, an dem wir Gott begegnen können, ist der andere Mensch. Einen besseren „Tempel“ gibt es auf Erden nicht.

❍ *Es hat ja nicht viel gefehlt, und Sie würden gegenwärtig für den weltweiten Dialog der ganzen katholischen Kirche verantwortlich sein. Warum ist es letztlich nicht dazu gekommen?*

Als der holländische Kardinal Jan Willebrands die Leitung des Päpstlichen Rates für die Einheit der Christen abgab, hat er in mir tatsächlich seinen Nachfolger gesehen. Er hat Papst Johannes Paul II. sogar einen entsprechenden Vorschlag gemacht. Aber ich wollte nicht. Ich habe den Papst und den Kardinal davon überzeugt, dass es nicht gut wäre, den weltweiten ökumenischen Dialog auf Polen zu verengen. Darunter hätte die ganze Sache gelitten. In der Welt hätte man das nicht gut gefunden, wenn bei einem Papst aus Polen auch noch ein Pole für den ökumenischen Dialog verantwortlich gewesen wäre. Unser Land wird nicht gerade als besonders offen für die Ökumene angesehen. Vor allem, weil Polen heute ein überwiegend katholisches Land ist. Nicht immer wird daran gedacht, dass Polen in der Geschichte sowohl den Juden Asyl gewährte, nachdem diese aus Spanien und aus anderen westlichen Ländern vertrieben worden waren, als auch Andersgläubige aufnahm, die bei uns ihre theologischen Schulen gründeten. Ein Satz von Sigmund August, dem letzen König aus der Dynastie der Jagiellonen klingt heute modern, der gesagt hat: „Ich bin nicht der König eurer Gewissen.“ Zudem war ich der Ansicht, dass ich die Ökumene zu sehr liebe, als dass ich für sie die weltweite Verantwortung übernehmen möchte und dass meine Ernennung kein Gewinn für sie sein werde. Ich habe den Heiligen Vater inständig gebeten, sich nach jemandem aus dem Land Martin Luthers umzuschauen.

Erzbischof Nossol mit dem befreundeten Kardinal Walter Kasper, dem Leiter des Päpstlichen Rates für die Einheit der Christen.

❍ *Und wie hat Johannes Paul II. auf diesen Vorschlag reagiert?*

Er sagte, es werde nicht leicht sein, eine geeignete Person zu finden. Ich schlug ihm damals den Bischof von Stuttgart, Walter Kasper, vor, den ich sehr gut kannte.

❍ *Der heute Vorsitzender des Päpstlichen Rates für die Einheit der Christen ist ...*

Ja, aber damals hat Kasper den Vorschlag des Heiligen Vaters nicht angenommen. Er meinte, dass er bei sich in der Diözese noch sehr viel als Bischof zu machen habe und dieses Werk nicht im Stich lassen könne. Er engagierte sich damals auch stark im Bereich der karitativen Hilfen weltweit und hatte hier beträchtliche Erfolge. In der Deutschen Bischofskonferenz war er für die Kontakte mit den anderen Kirchen in der Welt zuständig, reiste viel und hat seine Aufgabe gut gemacht. Ich blieb weiterhin der Überzeugung, Kasper wäre der geeignete Mann für den ökumenischen Dialog. Kasper war damals schon ein hervorragender Ökumeniker und als solcher an der Universität Tübingen Hochschullehrer für Ökumene. Sein Vorzug war auch, dass er die Kirche echt liebt.

❍ *Zudem ist er – wie wir u.a. in Oppeln feststellen konnten, als er an unserer Universität als ihr Ehrendoktor zu Gast war – ein offener, sympathischer und immer lächelnder Mensch.*

Wir sind seit vielen Jahren miteinander befreundet. Ich habe bei seinem 40-jährigen Priesterjubiläum sogar die Predigt gehalten. Er ist in der Tat ein sehr offener Mensch und bringt natürliche Voraussetzungen für die Leitung des weltweiten Dialogs in der Ökumene mit. Andererseits hat er, wie bei Schwaben verbreitet, einen durchsetzungsstarken Charakter. Wenn er von etwas überzeugt ist, kann er darauf auch beharren. Zum Glück hat er schließlich gegenüber dem Vorschlag des Papstes seine Meinung geändert. Ein halbes Jahr später hatten wir Gelegenheit, lange darüber zu sprechen. Ich konnte mich davon überzeugen, dass er nach gründlicher Überlegung bereit war, nach Rom zu gehen. Mit großer Freude habe ich den Heiligen Vater davon in Kenntnis gesetzt. Kurz darauf wurde Kasper Sekretär und danach Vorsitzender des Päpstlichen Rates für die Einheit der Christen und Kardinal.

❍ *Tut es Ihnen heute nicht leid, dass Sie diese Würde nicht tragen?*

Ich versichere, dass es mir auch nicht einen Augenblick leid getan hat. Das wäre für mich eine zu große und mich überfordernde Belastung gewesen. Es hätte für immer eine Trennung von Oppeln und meiner Diözese bedeutet. Für mich wäre es sehr schwer gewesen, diese Bürde zu tragen. Zudem hätte ich mich mit dieser Würde ungut gefühlt. Ich fühle mich in meiner schwarzen Soutane am besten, ohne jeglichen farbigen Zusatz. In gewissem

Sinne habe ich auch Kardinal Ratzinger beigebracht, eine solche Soutane zu tragen, als er noch Präfekt der Glaubenskongregation in Rom war. Er bemerkte einmal bei mir die Soutane, und ich erzählte ihm, sie sei in München genäht worden, nur wenige Meter von seinem damaligen Bischofshaus entfernt.

❍ *Woher hatten Sie denn eine Münchner Soutane?*

Das ist eine etwas traurige Geschichte. Ich bekam sie von der Mutter eines Priesters geschenkt, der das Priestertum aufgegeben hatte. Sie bat mich, für ihren Sohn zu beten, denn sein Schritt war für sie äußerst schmerzlich. Ich versprach ihr, die Soutane nach Rom mitzunehmen und sie dort immer „dienstlich" zu tragen, auch bei Begegnungen mit dem Papst. Darüber hat sich die Frau sehr gefreut. Und ich bewahre die Soutane tatsächlich bis heute in Rom auf. Sie hängt dort im Polnischen Institut, wo ich gewöhnlich wohne. Die Schwestern habe ich gebeten, das Kleidungsstück ordentlich mit Naphtalin zu versehen, damit die Motten sie nicht auffressen. Die Soutane muss noch zwei Jahre durchhalten ...

Magisches Schlesien

„Ego illa Silesis, Flos decusque Terrarum, Ocellus Orbis est Smaragdus Europae, Provinciarium amussitata Regina ...“

Heinrich Mühlspfort

❍ *Ist das Schlesiersein für Sie eher beflügelnd oder hängt es manchmal wie Blei an den Füßen?*

Das menschliche Leben ist komplex. Was uns beflügelt, ist immer auch eine Begrenzung. Schlesien ist eine schöne Landschaft am Rande, es ist eine Grenzregion. Mich selbst hat die hier erlernte Offenheit für andere immer beflügelt. Da in Schlesien, besonders im Oppelner Land, die Kulturen verschiedener Völker aufeinandertreffen, haben wir gelernt, daraus eine Synthese zu bilden und dabei ethnische und nationale Schärfen abzumildern. Ein Schlesier ist imstande, sich sowohl die polnische, als auch die tschechische und die deutsche Kultur zu Eigen zu machen. Er behandelt keine von ihnen als einzig richtig und absolut.

❍ *Als Schüler hatte fast jeder Schlesier Probleme. Denn nach seiner Nationalität gefragt, wusste er nicht genau zu sagen, ob er nun Pole oder Deutscher sei. Haben Sie selbst auch solche Schwierigkeiten gehabt?*

Es war unser Unglück, dass wir sowohl zur Nazizeit als auch in Volkspolen immer gezwungen wurden, die eigene Nationalität nachzuweisen. Für Berlin waren wir oft die „Wasserpolacken“, Warschau nannte einen Schlesier „Hanys“ oder wir waren einfach „die Deutschen“. In meinem Fall waren solche Probleme mit der Schule nicht zu Ende. Als ich mich zum Spezialstudium in Lublin einschrieb, fragte die Dame, als ich den Namen Nossol nannte: „Sind Sie Pole oder Deutscher?" Ich sagte, ich sei Katholik. Ich wusste damals noch nicht, dass diese Frau eine Nonne war, die keinen Habit trug. Und ich erklärte ihr: Schauen Sie, wenn man bei uns in Oppeln in einer staatlichen Behörde einen Schlesier am Wickel hat, muss er, bevor er angehört wird, zunächst sein nationales und politisches Glaubensbekenntnis aufsagen. Und Sie als Mitarbeiterin einer Hochschule fragen mich wie ein Geheimpolizist zunächst danach, was für ein Hemd ich trage. Da ich doch in Polen lebe und arbeite, muss ich wohl ein Pole und nichts anderes sein.

❍ *Kann man sich hinter seinem Schlesiersein auch verschanzen und alles ablehnen, was nicht schlesisch ist?*

Jede Ideologie und jede eng gefasste Politik grenzt ein, verhärtet und schließt sich vor einer Bereicherung durch das Andere ab. Dann entstehen immer Antagonismen, und wir beginnen die Menschen in solche und andere einzuteilen. So geht das aber nicht. Solches Denken ist unanständig und primitiv. Wir dürfen Menschen nicht in Kategorien einteilen, in solche die uns zusagen oder eben nicht. In gewissem Sinne ist eine voreilige Verallgemeinerung ein Ausdruck nicht nur von geistiger Armut, sondern von Menschenverachtung. Denn dort, wo wir uns oder andere einsperren, machen wir den Austausch von Gaben unmöglich.

❍ *Trennungen gab es in unserer Region ja nicht nur zwischen Schlesiern und Zugezogenen. Zu Beginn der neunziger Jahre gab es bei Senatswahlen selbst unter den Schlesiern einen scharfen Konflikt, als sie zwischen Frau Professor Dorota Simonides und Henryk Kroll wählen mussten. Wie sehen Sie das?*

In Schlesien war es schon immer so, dass die Leute entweder eine prodeutsche, eine propolnische oder eine indifferente

Der Erzbischof mit einer schlesischen Trachtengruppe.

Einstellung hatten. Die indifferente Haltung darf man niemandem verübeln. Zu dieser Haltung bekennen sich Menschen, die – manchmal über Generationen hinweg – von Politikern auf beiden Seiten der Grenze enttäuscht wurden. Jener Streit war zu einem gewissen Grade ein Kampf um die Gunst – nicht selten um jeden Preis – dieser indifferent eingestellten Menschen. Diese Rechnung ist nicht ganz aufgegangen. Und letztlich fühlt sich am Ende so manch ein Schlesier weder als Deutscher noch als Pole. Sie haben die freie Wahl.

❍ *Was halten Sie von Bestrebungen, aus Schlesien ein autonomes Gebiet zu machen, wonach man eine eigenständige schlesische Nationalität anerkennen sollte?*

Ich bin dagegen, dass man die Schlesier als eigenes „Volk" hervorhebt. Als die Herren von der Bewegung für eine Autonomie

Schlesiens bei mir waren, habe ich ihnen gesagt, dass ich keine Zusammenarbeit mit ihnen wünsche.

❍ *Weshalb?*

Weil es kein schlesisches Volk gibt. Das Schlesiersein ist ein ethnischer Begriff, und kein nationaler. Wenn man eine Nationalität daraus macht, kommt es zur Politisierung und Ideologisierung. Das darf man nicht tun. Dem Schlesiertum waren Ideologien immer abträglich. So etwas spaltete, statt zu verbinden.

❍ *Sie, Herr Erzbischof, können Ihre schlesische Herkunft nicht verleugnen, denn wie bei den Galiläern im Evangelium verrät Sie ja ihre Sprache. Hatten Sie damit Probleme?*

So war es. Ich habe schon an anderer Stelle erwähnt, dass dies im Gymnasium der Fall war. Immer wenn ich etwas längere Ausführungen machte, hat die Klasse laut gelacht. Aber mit der Zeit kam ich zu der Überzeugung, es gebe für mich überhaupt keinen Grund, meine schlesische Herkunft zu verleugnen. Es wäre sowieso auf eine Sisyphusarbeit hinausgelaufen. Schließlich konnte und sollte ich auf mein Schlesiersein und meinen Dialekt stolz sein. Andererseits habe ich mich aber auch nicht bemüht, meine Herkunft herauszustellen, damit herumzuwedeln oder sie zu ideologisieren. Das Schlesiersein ist für mich eine zu ernste Sache, die mir am Herzen liegt, als dass ich daraus eine Fahne zum Vorzeigen machen könnte.

❍ *Sie sind ein lebendiger Beweis dafür, dass das Schlesiersein keineswegs dabei hinderlich ist, sich durchzusetzen und in der Welt geachtet zu sein ...*

Mein Schlesiersein ist aber auch auf Ablehnung gestoßen, es wurde gelegentlich nicht akzeptiert. Ich erinnere mich noch an einen meiner Professorenkollegen an der Katholischen Universität Lublin; wir haben viel zusammen gearbeitet und hatten auch sonst vieles gemeinsam, und er sagte eines Tages zu mir: „Weißt du, du wärest ein phantastischer Mensch, wenn du nicht Schlesier wärest." „Dann wäre ich ja auch nicht phantastisch, sondern so wie du" – habe ich ihm gesagt. Wir haben danach fast drei Wochen lang nicht miteinander gesprochen. Aber dann kam er zur Vernunft und sagte, er möchte gerne so sein wie wir Schlesier, aber es gehe nicht. Ich riet ihm, er solle aufhören, das Anderssein zu verachten. Das würde vollkommen genügen.

❍ *Woher kommt das, dass man die Schlesier oft als ungehobelt, grob und für Kultur unempfänglich einstuft? Wie kommt es zu diesem Vorurteil gegenüber Schlesiern als Banausen, die schon von sich aus Kultur eher in Krakau als bei sich zu Hause suchen?*

Teilweise hängt das mit der künstlichen Aufteilung Schlesiens in einen Oppelner, einen Kattowitzer und Niederschlesischen Teil zusammen. Wenn wir Schlesien als Ganzes betrachten, verschwindet die scheinbare Ungebildheit der Schlesier. Wenn man uns allerdings aus dieser größeren kulturellen Ganzheit Oberschlesiens ausgrenzt, dann wird dieses Land häufig von Außenstehenden als Region von Malochern betrachtet. Leider werden solche Vorurteile noch zusätzlich durch Filme bestätigt, vor allem durch solche über die Arbeiterschicht. Wir haben uns das gefallen lassen, und selbst wenn jemand dem widersprochen hat, reagierten wir aggressiv. Es geht dabei überhaupt nicht darum, diese spezielle schlesische Eigenschaft, diese Wertschätzung der schweren Arbeit, zu leugnen. Man muss das lediglich als Teil eines größeren Ganzen sehen. Zu diesem Ganzen gehören auch die zwölf schlesischen Nobelpreisträger. Dazu gehört auch die bedeutende schlesische Literatur und Geisteskultur. Von Andreas Gryphius stammt der Ausspruch: „Wache auf, mein Herz, und denke." In diesem Satz ist viel Wahrheit über Schlesien enthalten – über diese komplexe und nicht einheitliche Landschaft, dieses Land des liebenden Verstandes und denkenden Herzens. Heinrich Mühlpfort, ein wenig bekannter

Breslauer Dichter, nannte Schlesien einen Smaragd Europas. Ein Smaragd ist ein Edelstein, der sehr kostbar ist, weil er aus unzähligen kleinen zusammengepressten Teilchen besteht, die ein Ganzes bilden. Das jetzt gerade zusammenwachsende Europa, in dem wir den rationalistischen Westen und Norden sowie den von Gefühlen bestimmten Süden und Osten haben, braucht diese schlesische Synthese: Herz und Verstand.

❍ *Ein Teil dieser Synthese ist das Oppelner Land, das sich auf der Landkarte als eigener Regierungsbezirk behauptet hat, wozu Sie einen erheblichen Beitrag geleistet haben. Wenn Sie heute unsere wirtschaftlich schwache Region betrachten, sind Sie da nicht enttäuscht?*

Enttäuscht bin ich nicht, aber traurig. Ich hatte mir das etwas anders vorgestellt. Damals, als wir geschlossen und geeint um unsere Eigenständigkeit kämpften, waren wir von großem Eifer beseelt. Wir hatten verstanden, dass wir uns von Niederschlesien, auch zum Beispiel von Kattowitz, unter anderem deshalb etwas unterscheiden, weil wir in Oppeln keinerlei internationale Erfahrung mit der polnischen Staatlichkeit hatten und wir uns lediglich auf das stützten konnten, was uns zum Wohle gereichte, was uns zusammen hielt.

❍ *Weshalb fehlt heute diese Begeisterung?*

Ich denke, es fehlte an Politikern, die bereit gewesen wären, ernsthaft, aber auch realistisch und praktisch solche Möglichkeiten umzusetzen, die in uns steckten. Der Faschismus und der Kommunismus haben uns die Politik verleidet. Uns ist die Idee von der griechischen Politeia abhanden gekommen, die ein authentischer Dienst am Gemeinwohl ist. Verblieben ist die kommunistische Vision von Politik als Machtkampf. Politiker mit Persönlichkeitsprofil gibt es heute in der Oppelner Gegend leider nicht, weder bei der polnischen Mehrheit, noch bei der deutschen Minderheit.

❍ *Woran lag es denn, dass wir den Zug verpasst haben?*

Es gab zu viel Ideologie. Man teilte die Menschen weiterhin nach dem Schema der Volksrepublik ein. Und wir selbst haben es nicht geschafft, vor dem Anderssein der anderen Achtung zu zeigen, obgleich alle bei uns theoretisch darüber reden. Immerfort hören wir Deklarationen, dass wir zusammenstehen, dass es bei uns keine Trennlinien gibt. Lass aber nur einen versuchen, seine Besonderheit etwas stärker zu betonen, dann ist sofort der Teufel los. Wir sprechen von der versöhnten Vielfalt, doch die Taten widersprechen dem. Für viele regionalen Politiker, ob nun von der Mehrheit oder von der Minderheit, ist das Anderssein gleichbedeutend mit Fremdsein. Das ist für mich erschütternd.

❍ *Haben wir mangels Akzeptanz des anderen deswegen erheblich weniger ausländische Investitionen bei uns als die Nachbarbezirke?*

Machen wir uns nichts vor. In Niederschlesien wachsen die Investitionen wie Pilze aus der Erde, eine nach der anderen. In der Region Kattowitz ist es schon erheblich schlechter. Und bei uns tut sich fast überhaupt nichts, Stille. Ich weiß nicht, was da vorgeht. Es sieht danach aus, dass auf beiden Seiten chauvinistische Haltungen offenbar dazu beigetragen haben, den Mut zu Neuem zuzuschütten und zu blockieren. Unablässig prallten Mehrheiten und Minderheiten aufeinander. Die einen haben zwei Pässe, die anderen nicht, und schon ist das Problem der Ausgrenzung da. Es hat uns ja niemand von außen eingeschlossen. Wir haben uns selbst abgekapselt. Statt mit den besten Ideen für die Zukunft zu wetteifern, rivalisieren wir innerhalb unserer Region miteinander. Um von außen etwas annehmen zu können, braucht man Demut, eine Überzeugung, dass einer, der zu uns kommt, mich möglicherweise bereichern kann. Es ist ein trauriges Paradox, dass uns Oppelnern unsere eigene Überheblichkeit bei der dynamischen Entwicklung hinderlich ist. Wir sind auf die eigene, neu erlangte Identität, derart stolz geworden, dass wir uns hinter ihr verschanzt haben. Die Freiheit haben wir zur Beliebigkeit gemacht. Wir sind nicht in der Lage, so zu denken wie der Dichter, der uns lehrte, dass die Freiheit nicht Leichtigkeit, sondern Mühsal der Größe ist (Cyprian Kamil Norwid). Ohne eine richtig verstandene Freiheit kann man kein echter Schlesier, bzw. Zugereister aus dem Osten oder aus Zentralpolen sein. Es ist schwer, dann überhaupt ein Mensch zu sein.

❍ *Lassen wir einmal die Politik beiseite. Wir haben im Oppelner Schlesien „magische Orte“, die Sie ganz besonders stark geprägt haben. Ein solcher Ort ist Neiße.*

Der Ort ist für mich wichtig, weil ich als Schüler, Alumnus und Dozent über 17 Jahre lang in Neiße gemeldet war. Ich war somit ein Neißer. Diese Stadt hat auf mich immer eine besondere Anziehungskraft ausgeübt. Als Gymnasiast habe ich sogar versucht, so etwas wie historische Skizzen über Neiße zu schreiben. Dabei benutzte ich die in der Bibliothek der Burse vorhandene deutsche Literatur über das „schlesische Rom“. Mein historisches Interesse wurde durch meinen Geschichtslehrer, Herrn Łazienka, angeregt. Nicht nur die Stadt faszinierte mich damals, sondern auch bedeutende Menschen aus Neiße.

❍ *Mit wem haben Sie sich besonders beschäftigt?*

Ich stieß auf die früher in Neiße wirkende Jugendbewegung „Quickborn“ und ihren Gründer, Clemens Neumann. In der Zwischenkriegszeit propagierte er unter der Jugend einen authentischen Katholizismus mit deutlichen Elementen einer ökumenischen Offenheit. Seine Bewegung sollte eine Alternative zum extremen Nationalismus sein, der die Jugend mit seinem Mythos von Rasse und Blut zu vereinnahmen suchte. Für Jugendliche hatte er ein herrliches Buch geschrieben; es hieß „Der Schlesische Wandersmann“ und war als Handbuch mit Vorträgen, Erzählungen und Liedern gedacht. Lange suchte ich nach seinem Grab, bis es mir von den Eltern meiner protestantischen

Schulfreundinnen gezeigt wurde. Es war vernachlässigt und zugewachsen. Seither ging ich öfter an die Gräber von Neumann und Eichendorff, wenngleich man sich offiziell dafür nicht interessieren durfte.

❍ *Welche Stellen in Neiße liegen Ihnen am meisten am Herzen?*

Ohne Zweifel ist es die „Kathedrale" St. Jakobus und Agnes. Sie ist eine der schönsten gotischen Kirchen Schlesiens. Ich habe gerne hier gebetet, wenn ich besondere Anliegen hatte. Dabei versteckte ich mich immer hinter einem Pfeiler, und dann stieg die Seele hoch empor. Der „Dom" zu Neiße steht für mich in enger Verbindung zu Pfarrer Kądziołka, dem ehemaligen Pfarrer und Restaurator der Kirche. Aber als ich schon Bischof geworden war, hat der Pfarrer mir eine Überraschung bereitet, die mir gar nicht gefallen hat.

❍ *Was war das?*

Auf der rechten Seite des Kirchenschiffes ließ er an dessen Ende ein Kirchenfenster anbringen, das das Wappen mit dem Wahlspruch von Kardinal Wyszyński zeigt. Auf der gegenüberliegenden Seite hat er, ohne mich zu fragen, auf gleicher Höhe mein Bischofswappen angebracht. Als das Fenster fertig war, lud er mich ein, um mir das zu zeigen. Was den Primas anbelangt, so freute ich mich und hatte keine Beanstandungen. Er war der Primas des Jahrtausends und lebte nicht mehr unter uns, er war eine überaus verdiente Gestalt der Kirche. Dass aber der Pfarrer ein Fenster mir gewidmet hatte, das hat mir überhaupt nicht gefallen, und es ärgerte mich, dass er mich nicht gefragt hatte. Ich wäre nie damit einverstanden gewesen. Dem Pfarrer sagte ich, dass ich mich gedemütigt fühle, und die Kathedrale fortan wohl nicht mehr aufsuchen würde. Der Herr Prälat war sehr besorgt und sagte, er könne mit dem Bewusstsein, dass er mich beleidigt habe, nicht leben. Er bat um eine Buße.

❍ *Wie sah die Buße aus?*

Ich versprach ihm, den Fehlgriff zu vergessen und ihm gänzlich zu verzeihen, wenn er bereit sei, die sterblichen Überreste des schlesischen Jugendführers, Clemens Neumann, in die Unterkirche zu überführen. Er hat sein Wort gehalten. Der Pfarrer wurde nach seinem Tode neben ihm bestattet.

❍ *Und die weltlichen Behörden hatten nichts dagegen, dass der Gründer einer deutschen Jugendbewegung so aufgewertet wurde?*

Der Herr Prälat hatte zu Recht Bedenken und fürchtete, Warschau würde das nie erlauben. Aber ich riet ihm, nicht in Warschau, sondern nur bei den städtischen Behörden in Neiße nachzufragen. Nach zwei Jahren bekam er die Genehmigung und überführte in aller Stille die Gebeine von Neumann in den Neißer „Dom" und richtete sein Grab entsprechend her. Das Fenster blieb auch an seiner Stelle. In den Dom gehe ich somit weiterhin gerne. Nur wenn ich eintrete, schaue ich nicht nach links oben.

❍ *In derselben Kirche ist die Gründerin der Elisabethschwestern, Maria Luise Merkert, beigesetzt. Diese Frau schätzen Sie ebenfalls?*

Ich habe ihren Seligsprechungsprozess eingeleitet, der glücklich abgeschlossen wurde. Zweimal habe ich zwei Päpste gebeten, diesem Prozess Priorität zu verleihen. Anfangs stand dieser Prozess ungefähr an der 276. Stelle. Wir hätten auf diese Seligsprechung Jahrhunderte warten müssen. Zum Glück zog noch Johannes Paul II. den Prozess etwa auf die 37. Stelle vor. Die Seligsprechung kam in Reichweite. Der Präfekt der Kongregation unterrichtete mich damals persönlich über die päpstliche Intervention. Das zweite Mal wurde ich dann schon bei Benedikt XVI. vorstellig. Als für die Seligsprechung nur noch die Unterschrift des Papstes fehlte, schrieb ich dem Heiligen Vater, uns sei sehr am 30. September 2007 gelegen, weil wir an dem Tag die weibliche Jugend aus der ganzen Diözese zur Seligsprechung einladen wollten, um auf diese Weise die weiblichen Berufungen in den Orden zu fördern.

❍ *Was war im Leben der Maria Merkert am faszinierendsten?*

Einerseits – so kann man heute wohl sagen – hat sie zur deutsch-polnischen Versöhnung in Schlesien beigetragen. Gegen die Weisung der politischen Behörden und gegen den Rat ihrer Kongregation ließ sie gleichberechtigt Deutsche, Tschechinnen und Polinnen aufnehmen. Die ethnische Herkunft spielte für sie bei der Berufung keine Rolle. Und als „Schlesische Samariterin" vollbrachte sie revolutionäre Veränderungen im Bereich der ambulanten Krankenfürsorge. Sie setzte durch, dass die Schwestern diese Hilfe bei den Menschen zu Hause nicht nur Frauen, sondern auch Männern zukommen ließen, was damals noch undenkbar war. Aber sie überzeugte den Bischof, dass dies ein Ausdruck göttlicher Barmherzigkeit sei.

❍ *Ein zweiter magischer Ort ist für Sie der Annaberg ...*

Das erste Mal war ich mit meiner Mutter dort, als ich acht Jahre alt war. Von Broschütz gingen wir zu Fuß die 18 Kilometer zum Annaberg. Das war eine echte Wallfahrt. Die Füße taten mir sehr weh. Drei Tage lang nahmen wir an den Feiern am Kalvarienberg teil, aber für ein Nachtquartier fehlte uns das Geld. Wir übernachteten in der Kirche, der heutigen Basilika. Ich habe mich an einen Beichtstuhl gelehnt und geschlafen. Ich war so müde, dass ich sogar am Sonntag während des Hochamts einschlief. Meine Mutter weckte mich auf, denn bei so einer Wallfahrt solle man nicht schlafen. Als Kind war ich dann nur noch einmal auf dem Annaberg. Von der Schule aus machten wir einen Ausflug zum damaligen Denkmal am Hang. Wir wurden per Leiterwagen hingefahren.

❍ *Welche Erinnerungen haben Sie an den Annaberg aus Ihrer Jugendzeit?*

Der Annaberg war multikulturell. Sogar die Kalvarienbüchlein wurden damals in Polnisch, Deutsch und Tschechisch herausgegeben, weil auch alle Ablassfeste dreisprachig gefeiert wurden. An einem Sonntag auf Deutsch, am nächsten auf Polnisch und am Dritten in tschechischer Sprache. Unser Nachbar und Onkel, ein Cousin meiner Mutter, war ein richtiger „Ablassjäger." Er fuhr dreimal hin und wechselte jeweils nur das Gebetbuch aus. Zur Zeit der Volksrepublik Polen wollte man den Franziskanern den Annaberg wegnehmen, weil man fürchtete, sie würden zu deutschfreundlich sein. Das war ein ungerechter Vorwurf, denn die Patres waren von der Nationalität her immer neutral. Zum Glück gab es dort den Pater Barnabas, der als Pole im KZ inhaftiert war. Er galt als Garant. Und die Franziskaner konnten bleiben. In jener Zeit wurden große Renovierungsarbeiten durchgeführt. Ich erinnere mich noch gut an eine Wallfahrt mit meiner Mutter, als Pater Barnabas um Spenden bat und rief: „Leute, wenn Ihr schon hierher gekommen seid, so öffnet nicht nur eure Herzen sondern auch euren Geldbeutel." Das zog. Meine Mutter warf das ganze Kleingeld hinein, das ihr übrig geblieben war. Auf dem Rückweg war an ein Eis nicht mehr zu denken.

❍ *Und wie haben Sie sich als Bischof auf dem Annaberg gefühlt?*

Ein wenig wie bei der Oma. Bei der Oma herrscht ja nicht die Strenge wie zu Hause, alles ist etwas lockerer und man ist trotzdem ganz aufrichtig. So wie ich in Broschütz mit meiner Oma über alles reden konnte, so sprach ich auch mit der heiligen Anna, sogar über meine Unarten, die nicht gerade von meiner Folgsamkeit zeugten. Oma Anna verstand das alles und zeigte immer den richtigen Ausweg. Einerseits fühlte ich mich hier auf neutralem Gelände, andererseits war ich hier so sehr zu Hause, dass ich vollkommen ich selbst sein konnte. Hier habe ich vor meiner Bischofsweihe meine Exerzitien gemacht. Als Bischof bin ich jahrelang hierher zur Beichte gefahren. Ich habe viele heilige Orte besucht – von Albendorf bis Tschenstochau und Wartha, aber auf dem Annaberg wusste ich immer, dass ich hier ein echter Schlesier sein kann, weil man mir hier nichts verübelte. Immer mehr war ich der Überzeugung, dass dies der Berg der Versöhnung von Kulturen, Sprachen und Generationen ist. Hier waren alle eins. Als Bischof habe ich dies immer hervorgehoben. Schließlich hat der Besuch des Heiligen Vaters auf dem Annaberg sehr geholfen. Manche Gläubige, die nicht aus Schlesien stammten, kamen vorher nicht auf den Annaberg und pilgerten nur nach Tschenstochau. Nach dem Besuch von Johannes Paul II. sind sie ebenfalls hierher gekommen und haben das Heiligtum als ihres akzeptiert.

❍ *Als Erzbischof haben Sie den Annaberg auch als Ort ausgewählt, an dem zum ersten Mal wieder Messen in deutscher Sprache stattfanden sollten.*

Das war damals ziemlich gewagt. Im Einklang mit der alten Tradition dieses Ortes, haben wir schon vor Kreisau mit diesen Messen begonnen. Wir haben das nicht offiziell bekannt gegeben, die Nachricht verbreitete sich von Mund zu Mund. Die Franziskaner haben ein wenig Angst gehabt, dass man sie wieder der Germanisierung bezichtigen würde. Aber ich habe sie davon überzeugt, dass die heilige Anna die schlesischen Menschen nicht enttäuschen dürfe. Provinzial war damals Pater Dominikus, einer meiner Studienkollegen aus der Lubliner Zeit. Er war einverstanden, bat aber um eine schriftliche Weisung von mir. Zunächst gab es Proteste. Als die Herren vom staatlichen Kirchenamt den Guardian verhörten, zeigte er ihnen das Schriftstück von mir. Als sie dann zu mir kamen, sagte ich, ich würde mich noch an die Vorkriegszeit erinnern, als es auf dem Annaberg polnische Gottesdienste gegeben habe. Wir seien lediglich zur zweisprachigen Seelsorge zurückgekehrt.

❍ *Wann haben Sie für sich Groß Stein entdeckt – einen weiteren magischen Ort?*

Durch Pfarrer Sappok, der sehr viel vom heiligen Hyazinth - Jacek hielt. Er hatte viel über ihn gelesen und trichterte mir ein, dieser Heilige habe in Liegnitz ganz sicher die heilige Hedwig getroffen. Der Pfarrer nahm mich schon als Kleriker nach Groß Stein mit, wo sein Kurskollege Pfarrer war. Das Schloss durfte man damals nicht betreten, es war militärisches Gelände. Selbst bei den Feierlichkeiten aus Anlass der Jahrtausendfeier des Christentums in Polen, hat man dem Primas den Zugang verwehrt. Sogar die Messen fanden vor der Pfarrkirche statt und nicht am Schloss.

❍ *Der Primas wollte dort hinein?*

Bischof Herbert Bednorz von Kattowitz hatte ihn dazu überredet. Er meinte, dass man die Bischöfe zu einem Patron Schlesiens hineinlassen würde. Als sie aber am uniformierten Wachmann vorbeikamen, schrie sie dieser an, befahl ihnen umkehren und entsicherte den Karabiner. Die Bischöfe verzichteten.

❍ *Wie kam es dazu, dass das ehemalige Schloss derer von Strachwitz von der Diözese Oppeln übernommen wurde?*

Dabei hat uns Herr Zembaczyński, der damalige Woiwode, geholfen. Er kannte meine Liebe zum hl. Jacek. Daher überließ er uns das Schloss für den symbolischen Preis von einem Zloty. Das war mit der Auflage verbunden, das Schloss von außen wieder so herzurichten, wie es vor der Verwüstung durch die Sowjets ausgesehen hatte, innen konnten wir es aber nach unseren Bedürfnissen herrichten. Nur die Kapelle und der Ballsaal mussten wie früher aussehen. Die Diözese hatte aber kein Geld. Wir bauten damals noch viele Kirchen.

❍ *Und wie haben Sie die Mittel für die Renovierung aufgetrieben?*

Das Schloss in Groß Stein in den 1980-er Jahren ...

... und heute.

Wiederum kam uns der Zufall entgegen, das heißt die „Logik Gottes". Die Botschaft der Bundesrepublik Deutschland in Warschau hatte gerade einen neuen Botschafter bekommen. Dieser wollte sich bei uns über das Verhältnis von Staat und Kirche in Polen kundig machen und war drei Tage mein Gast in Oppeln. Ich zeigte ihm verschiedene Pfarreien: eine schlesische, eine mit Umsiedlern aus dem Osten und eine gemischte. Er wunderte sich, dass bei uns so viele Leute Deutsch sprachen. Zum Abschluss seines Besuches bot mir der Botschafter eine finanzielle Unterstützung für ein wichtiges Objekt an, das eigentlich keine Kirche sein sollte. Groß Stein eignete sich vorzüglich dafür. Die Einnahmen aus den Visagebühren der Botschaft sollten nunmehr für diesen Zweck bestimmt werden.

❍ *Das Schloss konnte also übernommen werden?*

Ja, aber ich wollte es zunächst dem Botschafter zeigen. Er war über den verwüsteten Zustand des Schlosses sehr verwundert und sagte, er müsse erst in Bonn nachfragen, ob das gehe. Um die Sache vertraulich zu behandeln, verabredeten wir, dass er für den Fall des Einverständnisses aus Bonn bei mir anrufen und sagen solle, bei ihm sei schönes Wetter. Er rief schon am nächsten Tage an. Die Renovierungen konnten beginnen. Ein halbes Jahr später haben die Deutschen dann allerdings die Polen von den Visagebühren befreit, so dass die versprochenen Einnahmen wegfielen. Ich dachte zuerst, wir seien hinters Licht geführt worden. Doch der Botschafter bot zum Glück an, dass die Bauarbeiten durch die „Stiftung für Deutsch-Polnische Zusammenarbeit", die gerade im Entstehen war, gefördert würden. Das Schloss wurde wiederhergestellt. Die Gelder der Stiftung waren auf fünf Jahre aufgeteilt, doch Pfarrer Dr. Albert Glaeser, unser Ökonom, hat den Bau ein Jahr früher fertiggestellt und ist auf diese Weise der Inflation zuvor gekommen. Die Gelder, die übrig geblieben waren, durften wir für die Ausstattung des Ballsaales mit Stilmöbeln und Kronleuchtern, also „schlossgerecht", verwenden. Das Schloss war noch nicht ganz fertig, als wir die Verehrung des heiligen Hyazinth wieder aufleben

Schwimmbecken im Sebastianeum Silesiacum. Neben dem Erzbischof Ökonom Pfarrer Dr. Albert Glaeser.

Besuch von Hans Pöttering, dem Vorsitzenden des Europaparlaments.

ließen. Er ist schließlich der richtige Schutzheilige für unsere Tage, wo – ähnlich wie zu seinen Lebzeiten – das Heidentum wieder hoch kommt. Der heilige Hyazinth war ein bedeutender Verkünder des Evangeliums im damaligen Europa. Dieses Europa braucht heute wieder eine Neuevangelisierung. Der heilige Hyazinth ist dafür ein Vorbild. Vielleicht kommen deshalb so viele Reisegruppen aus ganz Polen nach Groß Stein, und das Schloss ist zu einem aktiven Zentrum für Wissenschaft und Kultur der Universität Oppeln geworden.

❍ *Neben dem Schloss gibt es noch ein Kneipp-Sanatorium. Viele Leute wundern sich, manche nehmen daran sogar Anstoß, dass die Diözese dort ein kommerzielles Sanatorium betreibt.*

Ich war immer schon davon überzeugt, dass die Seelsorge – wenn sie denn im biblischen Sinne verstanden wird – nicht nur auf die Seele beschränkt bleiben darf. Sie muss sich um den ganzen Menschen kümmern. Deshalb liegt uns an der Gesundheit von Menschen, an ihrer Erholung und auch daran, dass sie Bedingungen für Gebet und Kontemplation vorfinden. Was den kommerziellen Aspekt anbelangt, so betreibt die Diözese das Sanatorium nicht, um Gewinne zu machen. Alle Überschüsse fließen dem Unterhalt der Einrichtung und weiteren Investitionen zu. Gerade haben wir die einzige in dieser Gegend vorhandene Kryokammer in Betrieb genommen. Eine Salzgrotte soll bis Weihnachten fertig sein. Der Erfinder dieser Heilmethode, Pfarrer Sebastian Kneipp, hätte gewiss seine Freude daran.

Meine Universität

> „Die Universität ist eine Schule, in der wir lernen, uns selbst und die Welt zu verändern.“
>
> Alfons Nossol

❍ *In die Entstehung der Universität Oppeln haben Sie viel Zeit und Kraft investiert. Woher kommt diese Idee?*

Der Gedanke an eine Universität hat mich von Anfang an verfolgt, das heißt seit dem Unterricht in der ersten Klasse der Grundschule. Da ich sehr schnell lesen lernte – mit Hilfe meiner Oma an Hand der „Oberglogauer Zeitung“ – hatte ich schon nach drei Monaten Schulbesuch die Lektüre der ganzen Fibel hinter mir. Die dort abgedruckten Geschichten hatten praktisch in Gänze mit unserer schlesischen Region zu tun. Besonders hatte es mir der Text über „Die Große Stadt Breslau“ angetan. Sein letzter Satz lautete: „In Breslau befindet sich eine der berühmtesten Universitäten Europas.“ Es interessierte mich sehr, was denn eine Universität war. Ich fragte meine Mutter, die wusste es aber nicht und meinte, ich sollte den Vater fragen, wenn er von der Arbeit kommt. Doch so lange wollte ich nicht warten. Also nahm ich mir vor, den Lehrer zu fragen. Ich überwand meine Schüchternheit, ging in der großen Pause zu ihm und fragte, was das Wort „Universität“ bedeutet. Er schaute mich etwas von oben herab an und sagte: „Vergiss es, das musst du nicht wissen, das wirst du nie im Leben brauchen ...“

❍ *Warum lag Ihnen so viel daran, in Oppeln eine Universität zu gründen?*

Auf der Baustelle der Seminarkirche in Oppeln.

Ich hatte es schon immer bedauert, dass wir in unserer Gegend zwar Hochschulen hatten, aber keine von ihnen besaß den Rang einer Universität. Mir lag ferner daran, die Bedeutung des Priesterseminars aufzuwerten, das damals formell den Status einer Berufschule hatte. Es war keine akademische Einrichtung, obgleich dort zeitweise bedeutende Fachleute unterrichteten. Mit diesen meinen Wünschen stand ich nicht alleine da. Schon in kommunistischer Zeit hatte man versucht, in Oppeln eine Universität ins Leben zu rufen. Man plante, die Pädagogische Hochschule und die Hochschule für Ingenieurwesen zusammenzulegen. Aber letztere war sehr zurückhaltend, und das Gründungskomitee hatte nicht genügend Durchsetzungskraft, so dass die Idee zusammen mit der Volksrepublik zerfiel.

❍ *Und wie kam es zur Wiederbelebung dieser Idee?*

Im Jahre 1989 kamen die Mitglieder des neuen Gründungsausschusses mit dem Woiwoden und dem Stadtpräsidenten von Oppeln sowie Professoren der Pädagogischen Hochschule und der Ingenieurschule zu mir und baten mich, den Vorsitz zu übernehmen. Ich hatte Bedenken, dass ein solches Gremium unter dem Vorsitz des Bischofs schon von vornherein verdächtigt werden könnte, er wolle eine kirchliche Hochschule gründen, und das hätte der Idee einer Universität ja geschadet. Doch sie haben mich davon überzeugt, dass ich mich dafür eigne, weil ich aus der Katholischen Universität in Lublin schon einige Erfahrung mitbrachte, und – was im schon freien Polen wichtig war – politisch nicht belastet war.

❍ *Zur Fusion der beiden Oppelner Hochschulen kam es aber nicht.*

Als ich mich bemühte, die Idee zur Gründung einer Universität den Professoren schmackhaft zu machen, die ich aus der Studentengemeinde bei Pater Czaplak kannte, sagte mir Dozent Guzik ganz offen, dass die Ingenieurschule dem Vorhaben reserviert gegenüberstehe. An einer Universität wären sie lediglich eine der Fakultäten. Sie würden daher langfristig das Ziel verfolgten, ihre Hochschule in ein selbständiges Polytechnikum umzuwandeln.

❍ *Kam da der Gedanke auf, aus der Pädagogischen Hochschule und der Theologischen Fakultät den Anfang zu einer Universität zu machen?*

Bis dahin war es noch ein weiter Weg. In Sachen Universität bin ich wohl an die siebzehn Mal im Bildungsministerium gewesen. Dabei überlebte ich vier Minister. Einer von ihnen, Herr Flisowski, sagte mir ganz offen, dass man ihn nicht überzeugen müsse. Seine beiden Staatssekretäre, die für die Universitäten zuständig seien, hätten aber Vorbehalte. Und diese beiden seien – wie mir der Minister sagte – Leute aus dem früheren System, d.h. Betonköpfe. „Wenn Sie als Bischof sie überzeugen, wird es für uns leichter" – riet Herr Flisowski. Ich folgte seinem Rat und fuhr das nächste Mal genau dann nach Warschau, als der Minister nicht da war. Die freundliche Sekretärin flüsterte mir noch zu, dass es keinen Sinn habe, mit diesen beiden Herren zu reden, aber ich ließ mich nicht abschrecken. Ich bat nur um Kaffee für alle, damit das Gespräch besser lief.

❍ *Und wie konnten Sie die beiden überzeugen?*

Ich sagte ihnen, es gehöre sich nicht, dass das Ministerium die Entstehung einer Universität verhindern wolle. Ich führte aus, dass eine Universität die Idee des Zusammenhalts, und der Offenheit verkörpere und das Oppelner Land gerade diesen Zusammenhalt brauche. Daran habe uns schon der Papst auf dem Annaberg erinnert. Die einzige Einrichtung, die diesen Zusammenhalt der Einwohner bisher gefördert habe, sei die Kirche gewesen. Sie, die Herren Minister, würden an die Kraft der Kirche zwar nicht glauben, und ich würde ihnen das auch nicht verübeln. Aber – so argumentierte ich – helft uns bitte durch die Universität auch von staatlicher Seite, damit die Integration voranschreitet. Ich erinnerte die Herren daran, dass in der Volksrepublik, der sie ja nahe stünden, immer darauf geachtet wurde, dem Volk zur Bildung zu verhelfen, nun könnten sie sich in unserer Region auf diesem Gebiet nützlich machen. Ich fügte noch hinzu, dass ich meine Bitte sowohl im Namen der zugereisten Polen aus dem Osten als auch der heimischen Schlesier vortrage. Ich flehte sie geradezu an, auf Oppeln nicht wie auf eine Stadt im Ausland zu blicken, sondern auf etwas Eigenständiges. Der eine sagte darauf: „Na, das war keine schlechte Predigt“, aber die Idee sei völlig unrealistisch, weil die Pädagogische Hochschule und die Ingenieurschule nicht zusammengehen wollten.

❍ *Und was haben Sie darauf geantwortet?*

Ich machte die Herren darauf aufmerksam, dass wir in Oppeln das Diözesane Pastoralinstitut als Filiale der Katholischen Universität Lublin haben, und diese Einrichtung könnte sehr gut Teil der Universität werden. Um die Entstehung dieser Filiale hatte ich ohnehin schon beim damaligen Parteisekretär, Andrzej Żabiński, nachgesucht. Als Begründung hatte ich damals angeführt, es würde sich gut machen, wenn eine Filiale von einer Universität im Osten Polens gerade in Oppeln entstünde, wo die Mehrheit der Bevölkerung ohnehin immer nach Westen blickt. Eine solche Einrichtung hätte ihre politische und ideologische Begründung. Geistesgegenwärtig sagte er, als Parteisekretär könne er sich doch nicht für die Entstehung einer Filiale einer Katholischen Universität einsetzen. Ich wusste ohnehin, dass das Ministerium die Angewohnheit hatte, auf Eingaben der Katholischen Universität nicht zu antworten. Gewohnheitsmäßig interpretierten wir es als Einverständnis, wenn auf einen Antrag zwei Monate lang keine Antwort erfolgte. Somit bat ich den Herrn Parteisekretär, er möge bewirken, dass unsere Bitte auf Einrichtung einer Filiale ebenfalls zwei Monate lang nicht beantwortet würde. So geschah es denn auch.

❍ *Haben die Beamten im Ministerium schließlich nachgegeben?*

Zunächst bat ich sie, den Ehrgeiz der Ingenieurschule bezüglich des Polytechnikums nicht zu behindern. Anschließend trug ich die Idee zur Fusion der Pädagogischen Hochschule mit dem Diözesanen Pastoralinstitut vor. Auf diese Weise konkretisierte sich der Gedanke zur Einrichtung einer ersten theologischen Fakultät an einer staatlichen Universität nach dem Kriege. Sie führten zunächst als Gegenargument ins Feld, dass eine solche Hochschule zu klein sein würde. Doch ich entgegnete, dass wir überhaupt nicht klein seien, wenn wir alle externen Studenten mitzählten. Nachdem ich die Priester dazu angehalten hatte, sich ständig weiterzubilden, hatten wir in der Theologie ziemlich viele Studenten. Die Herren im Ministerium gaben Schritt für Schritt nach. Heute bin ich davon überzeugt, dass wir ohne die Theologische Fakultät zu dieser Zeit überhaupt keine Universität in Oppeln erhalten hätten. Wenn wir damals nicht so hartnäckig gewesen wären, wenn wir diesen Kairos, den Moment der Gnade, nicht genutzt hätten, wäre das alles sicher nicht gelungen. Aber auch so ist die Entstehung der Universität erst anderthalb Jahre später erfolgt. Als ich schon die damalige Ministerpräsidentin Hanna Suchocka auf meiner Seite hatte, stellte sich ihr damaliger engster Mitarbeiter, der Finanzminister, in den Weg. Er war Chef des Amtes des Ministerpräsidenten und gab vor, es fehle an Geld.

❍ *Konnten Sie ihn überzeugen?*

Nein. Ich erklärte, dass die Gebäude einschließlich der Infrastruktur der Theologischen Fakultät von der Diözese bezahlt würden. Der Staat sollte nur die Gehälter der Mitarbeiter übernehmen. Dieser Zustand dauert bis heute an, obgleich alle anderen Fakultäten, die später entstanden, voll und ganz vom Staat getragen werden.

❍ *Nach dem Regierungswechsel seid Ihr dann zur Idee der Universitätsgründung zurückgekehrt. Doch dazu brauchte man doch die Zustimmung von drei Universitäten: von Breslau, Krakau und Warschau. Wie ging das?*

Wir begannen mit Breslau. Unser Gründungskomitee hat sich mit dem dortigen Senat getroffen. Ich referierte über die Idee zur Gründung der Universität, Professor Jerzy Pośpiech sprach zu den wissenschaftlichen Fragen und der Woiwode, Herr Zembaczyński behandelte die wirtschaftlichen Aspekte. Als es zu einer Reihe von Fragen kam, fragte mich einer der Breslauer Biologen, seit wann man in Dörfern Universitäten gründe. Ich hatte Lust, ihm zu antworten: damit Leute bedeutender Universitäten nicht solche Fragen stellten. Doch ich biss mir auf die Zunge und antwortete, dass wir hier in der Rolle des Bittstellers auftreten und ich solche herausfordernden Fragen nicht beantworten möchte. In der Diskussion kam auch wieder die Frage einer Fusion von Pädagogischer Hochschule und Ingenieurschule zur Sprache. Ich argumentierte, dass die Ingenieurschule ihre Meinung ja noch ändern könnte, es vielleicht anders überlege und dann womöglich doch noch zu uns käme. Würdet Ihr sie aufnehmen? – wurde gefragt. Ich sagte, dass ich als Theologe der Auffassung sei, dass es für einen reuigen und zurückkehrenden Sünder immer eine Chance geben müsse. Darüber hinaus bat ich, dass die Universität Breslau, die seinerzeit Mitbegründerin der Pädagogischen Hochschule war, sich jetzt nicht von uns abwenden möge.

❍ *Wurden die Argumente akzeptiert?*

Es gab etwas Gelächter, aber die Atmosphäre wurde lockerer. Bevor der Senat abstimmte, bat man uns auf den Korridor hinaus. Dort wollte „mein" Biologe unbedingt eine Antwort auf die zuvor an mich gestellte Frage haben. Die hat er bekommen. Diese Antwort hat er vermutlich zitiert, als die Senatoren vor der entscheidenden Abstimmung die Gründungsfrage im eigenen Kreis diskutierten. Vielleicht war das sogar hilfreich, denn mit deutlicher Mehrheit von wohl 32 zu 7 Stimmen wurde die Gründung der Universität Oppeln beschlossen. Als Breslau zugestimmt hatte, waren Warschau und Krakau nur ein Kinderspiel. Nun brauchten wir noch ein Gesetz des Parlaments, des Sejm.

❍ *Sind Sie auch selbst zum Parlament gefahren?*

Während der ersten Lesung des Gesetzes habe ich im Sejm-Ausschuss einen zwanzigminütigen Vortrag gehalten, in dem ich begründet habe, weshalb die Universität entstehen sollte. Die Abstimmung im Ausschuss fiel dann sehr günstig aus. Zwei Drittel der Abgeordneten waren dafür. Selbstverständlich haben alle Abgeordneten aus Oppeln dafür gestimmt – unabhängig von ihrer Parteizugehörigkeit. Wir hatten nur noch ein gewichtiges Problem. Für die Entstehung der Theologischen Fakultät brauchten wir das Einverständnis des Heiligen Stuhls. Damit es alle schafften, im vorgegebenen Zeitrahmen zu bleiben, musste bis Ende Mai über das Gesetz abgestimmt werden. Ich rief somit beim damaligen Sejm-Marschall, Józef Oleksy, an. Er lud mich schon für den nächsten Tag nach Warschau ein.

❍ *Machte er Schwierigkeiten?*

Anfangs erweckte er den Eindruck, dass es keine Chance gebe und verwies auf den Kalender des Parlaments. Unser Gesetz befand sich wohl auf dem 117. Platz. Ich schaute mir die Unterlagen an und sah, dass sich ein Gesetz zum Bau von Bürgersteigen oder etwas Ähnliches an einer viel günstigeren Stelle befand. Könnte dieses Problem nicht ein wenig warten? – fragte ich vorsichtig. Er lachte und veränderte die Reihenfolge. Auf diese Weise kamen wir auf den 37. Platz. Das Gesetz über die Universität konnte schon in der folgenden Woche verabschiedet werden.

❍ *Welche Rolle spielte bei der Universitätsgründung Johannes Paul II.?*

Eine enorme. Ohne sein persönliches Engagement wäre die Theologische Fakultät an einer staatlichen Universität überhaupt nicht entstanden. In diesem Sinne ist der Papst voll und ganz der Mitbegründer unserer Universität. Deshalb haben wir ihm ja auch die Ehrendoktorwürde der Universität Oppeln ver-

Mit Johannes Paul II. während der Verleihung der Ehrendoktorwürde der Oppelner Universität.

liehen. Obgleich der Heilige Vater schon sehr krank war, hat er unsere Doktorwürde mit großer Freude entgegen genommen. Man hatte uns vorgewarnt und gesagt, die ganze Feier dürfe nicht länger als 25 Minuten dauern, aber der Papst widmete uns fast eine ganze Stunde. Wir erinnerten ihn an seine Besuche auf dem Annaberg und in Krakau. Ich erzählte ihm die Geschichte, als nach seiner Messe auf den großen Krakauer Wiesen der Bus mit den Bischöfen nicht weiter kam, weil die Menschen den Weg blockiert hatten. Da beugte sich Kardinal Król (König) von Philadelphia aus dem Busfenster und rief: „Leute, macht mal Platz, hier kommt der König!." Die Menge ging tatsächlich zur Seite und der Bus konnte passieren. Und der Kommentar der Kardinals war: „Krakau ist eine echte Königsstadt. Hier schätzt man noch Könige." Der Papst lachte herzlich. Die Leute aus seiner Umgebung sagten mir später, sie hätten den Heiligen Vater schon lange nicht in einer so guten Stimmung gesehen.

❍ *Bei der Eröffnungsfeier der Universität Oppeln haben Sie gesagt, dass die Oppelner an dieser Hochschule nun „endlich zu Hause studieren" könnten. Wenn wir heute – nach Jahren – die Sache betrachten, stellen wir fest, dass die Oppelner Region einen der niedrigsten Bildungsstände in Polen aufweist. Ist das Ganze somit nicht ein Fiasko?*

Am Beispiel meines Heimatdorfes Broschütz ist ablesbar, wie sehr die Universität der schlesischen Jugend geholfen hat. Zu meiner Zeit konnte man die Studierenden aus Broschütz an den Fingern einer Hand abzählen. Innerhalb von sieben Jahren gab es ganze drei Studenten. Jetzt kommen über fünfzig Studierende aus Broschütz. Davon studieren drei Viertel an der Oppelner Universität. Dank der Nähe zur Stadt fahren manche zu den Vorlesungen sogar von zu Hause aus hin. Sie brauchen kein Zimmer, müssen dort nicht essen usw. Ich treffe mich regelmäßig mit ihnen, gewöhnlich in der Weihnachtszeit. Als ich 2006 glaubte, ich könne demnächst zurücktreten, habe ich sie alle ins Ordinariat eingeladen. Ich war glücklich, dass es so viele waren.

❍ *Ihr heimatliches Broschütz ist wohl eine Ausnahme und nicht die Regel. Die Oppelner Jugend muss immer noch zum Studium überredet werden.*

Es hat sich vieles gebessert. Wir haben in Oppeln, Ratibor und Neiße ja auch noch die Höheren Berufschulen. Neiße zahlt für die Studenten sogar noch dazu, nur um sie zum Studium bei sich zu gewinnen. Das Bewusstsein, dass Bildung wichtig ist, wird sich vertiefen. Wir müssen viel Geduld haben.

❍ *Vermutlich sehr viel Geduld, denn die Leute vom schlesischen Dorf zieht es immer noch stark in die Berufsschulen. Auch Henryk Kroll, der Sprecher der deutschen Minderheit, hat neue Berufschulen gefordert.*

Die Entscheidung für eine Berufschule ist ein Element des schlesischen Pragmatismus. Derselbe Pragmatismus ist bei den

Im Arbeitszimmer des Rektors der Oppelner Universität mit Kardinal Walter Kasper und dem Vorsitzenden des Europaparlaments Hans Pöttering und dessen Söhnen.

In der Privatbibliothek des Erzbischofs mit Studenten aus dem heimatlichen Broschütz.

Promovierungen an de- Oppelner Universität.

Schlesiern im Studium zu beobachten. Sie machen lieber das Lizenziat statt das Diplom. Aber das Lizenziat ist doch schon ein Schritt in die richtige Richtung. Der Weg zum Erwerb des akademischen Vollstudiums bleibt damit offen.

❍ *Herr Erzbischof, wie würden Sie jetzt versuchen, junge Leute zum Hierbleiben zu bewegen, die nur schnell einen Beruf erlernen wollen, um dann als Jugendliche nach Deutschland, Holland oder auch immer öfter nach England und Irland zu gehen?*

Es ist sehr schmerzlich, dass bei uns immer nur daran gedacht wird, nach der Schule möglichst schnell zur Arbeit ins Ausland zu gehen. Den jungen Leuten sage ich stets, dass dieses Vorbild sehr kurze Beine hat. Die Aussicht, rasch ins Ausland zu gehen und Geld zu verdienen, ist verführerisch, aber die Jugendzeit ist doch gerade der richtige Lebensabschnitt, um in sich selbst zu investieren. Wenn diese jungen Menschen dann zurückkommen, sind sie ausgelaugt und die Chancen, aus sich selbst etwas zu machen, sind für immer vorbei. Im Alter kann das für sie dann traurig sein. Die Familie haben sie – vielleicht im materiellen Sinne – etwas nach vorne gebracht, aber sie selbst werden sich dann nicht mehr verwirklichen können und bleiben vielleicht für immer geistig verarmt. Und sie müssen sich fragen, wie will ich meine Kinder erziehen. Reicht es aus, dass ich meinen Kindern als geistiges Erbe nur eine Schaufel vermache? Es reicht eben nicht. Manche berufen sich sogar auf die Heilige Schrift und behaupten, Wissen mache überheblich. Vielleicht. Aber ohne Wissen und ohne Bildung kann man nicht einmal überheblich sein. Man kann sich bestenfalls aufplustern, weil man abgerackert ist.

❍ *Mindestens ein Teil der Oppelner Jugend entgegnet auf solche Argumente: Wozu brauche ich eine Schule?*

Die hiesigen Schlesier empören sich oft, dass sie in ihrer Region zu wenig Anteil an der Macht haben und immer von anderen regiert werden. Solchen sage ich, sie seien selber daran schuld. Wer nicht in sich selbst investiert, ist dazu verurteilt, Malocher zu bleiben. In der heutigen komplizierten Welt, kann man ohne gute Ausbildung nicht funktionieren. Gefragt ist ein solides Wissen. Ich habe 23 Jahre lang gelernt und bin nicht der Meinung, dass selbst das genug ist.

❍ *Viele Menschen aus dem Oppelner Land, die lange im Ausland leben, übernehmen die westlichen Lebensgewohnheiten – meistens die schlechtesten …*

Das macht mir die größten Sorgen. Aus Schlesien fuhr man immer schon in den Westen, um Geld zu verdienen. Über meinen Vater, der in Hamburg arbeitete, habe ich schon viel erzählt. Meine Mutter ist in ihren jungen Jahren ebenfalls als Landarbeiterin in den Westen gefahren. Sie erzählte, wie der Bauer am Sonntag die Leute mit dem Leiterwagen zur Kirche fuhr. Und heute berichten mir Bischöfe aus dem Westen von ihrer Enttäuschung. Sie hatten sich auf neue Gläubige aus Polen gefreut, und nun zeigt sich, dass viele Oppelner im Ausland die Religion nicht mehr praktizieren, sie verzichten noch schneller darauf als die Katholiken im Westen. Daher müssen wir uns nach dem Niveau unserer Seelsorge fragen. Wir müssen fragen, ob wir denn alles für unsere Menschen getan haben, sofern sie nicht einmal mehr zur hl. Messe in polnischer Sprache gehen oder fahren. Ich bin sehr traurig, dass bei vielen unserer jungen Brüder so wenig geistiger Tiefgang vorhanden ist. Die materielle Not zu lindern ist unerlässlich, aber das ersetzt nicht alles andere.

❍ *Für viele Oppelner, die in den Westen ausreisen, ist der Sonntag einfach kein heiliger Tag mehr.*

Wir müssen einen Weg finden, damit trotz allem der Sonntag als heiliger Tag und als Tag zur Entspannung erhalten bleibt. Die Erholung gehört zum Wesen eines normalen Lebens. Als man während der Französischen Revolution den traditionellen

Kalender abschaffte und nach einem neuen Kalender nur jeder zehnte Tag frei war, da haben als erste die Pferde gestreikt. Die Pferde hielten nicht durch. Ich bitte daher unsere Brüder und Schwestern, sie sollen sich nicht schlechter als die Pferde behandeln lassen. Wer nicht ausruht, kann nicht effektiv arbeiten. Das Leben ist grausam. Man bekommt nichts gratis.

> ❍ *So lange ein junger Mensch im Westen x-mal mehr verdienen kann, als er in seiner Heimat verdienen könnte, wird ihn keine Universität festhalten.*

Selbst wenn wir nur strikt ökonomisch denken, müssen wir zum Schluss kommen, dass die Trennung von der Familie ihren Preis hat. Man muss immer wieder für sich selbst die Frage beantworten, ob es nicht besser wäre, etwas weniger zu verdienen, dafür aber ein normales Familienleben zu führen? Immer muss ich mir anhören, wie schlecht man doch in Polen leben könne, aber gleichzeitig sehe ich, wie viele neue Häuser gebaut werden, dass die Leute, auch solche, die hier arbeiten und wohnen, ebenfalls in Autos und andere Güter investieren. Wir sollten nicht voreilig klagen. Man muss auch nachdenken. Umso mehr, als die Menschen aus unserer Gegend drüben solche Arbeiten verrichten, die die Einheimischen für dasselbe Geld nicht machen wollen. Ich wiederhole: Wenn wir die Ausbildung und gleichzeitig auch die geistige Entwicklung vernachlässigen, wird sich das früher oder später für unsere Region rächen. Die Werbung für die Ausreise gen Westen hebt immer wieder hervor, wie viel ein junger Mensch dort verdienen könne. Man verliert aber kein Wort darüber, wie elend solche Leute im geistigen Sinne dort oftmals leben. Es blüht der ethische Relativismus. Im Westen übernehmen unsere Leute die schlechtesten ethischen Vorbilder. Das dürfen wir nicht vergessen.

Die Kirche am Pranger

„Wir gehen heute einer völlig religionslosen Zeit entgegen … Wie kann Christus auch der Herr religionsloser Menschen werden? Gibt es religionslose Christen?“

Dietrich Bonhoeffer

❍ *Herr Erzbischof, als Sie Ihr Amt antraten, haben Sie Sorge gehabt, dass Sie Menschen beurteilen und Entscheidungen über sie treffen müssen. Wie verfahren Sie, wenn Gemeindemitglieder kommen und sich über ihren Pfarrer beschweren?*

Besonders dann, wenn immer die gleichen Anschuldigungen vorgebracht werden, veranlasse ich eine Gegenüberstellung. Wer die Wahrheit sagt oder über unschlagbare Argumente verfügt, hat nichts zu befürchten. Deshalb lade ich in solchen Fällen den Pfarrer und etwa vier bis fünf Personen aus der Gemeinde, die den Pfarrer anschuldigen oder verteidigen, ins Ordinariat zum Gespräch ein. Ich höre beide Parteien an, und der Pfarrer kann dazu Stellung nehmen. Bei dieser Gegenüberstellung sind für gewöhnlich auch unsere drei Weihbischöfe anwesend. Wir bemühen uns, mit allen in Ruhe zu sprechen und treffen keine übereilten Entscheidungen. Niemand wird im Vorfeld verurteilt. Gläubige, die meinen, es genüge, ins Ordinariat zu kommen und den Priester anzuschwärzen, damit er „rausfliegt“, sind manchmal enttäuscht. Nicht selten ist es so, dass die Äußerung, derer der Pfarrer bezichtigt wird, in Wirklichkeit der Dorfvorsteher getan hat. Es kommt auch vor, dass sich Anschuldigungen als unhaltbar erweisen, weil sie sich nach der Art gruppendynamischer Prozesse sich zugespitzt haben. Dann geben wir dem Pfarrer Recht. Bei solchen Gesprächen vertragen sich die Parteien oft wieder.

❍ *Und was ist, wenn die Aussagen widersprüchlich sind und keine Verständigung in Sicht, bzw. wenn die Schuld des Pfarrers offenkundig ist?*

Wenn sich der Konflikt nicht klären lässt, und die Situation in der Pfarrei unerträglich wird, muss der Pfarrer – ob schuldig oder nicht – die Gemeinde verlassen. Ein solcher Priester fühlt sich dann oft gekränkt, weil seine „Gegner" triumphieren. Ich tröste ihn dann und sage, dass es die Laien nicht ertragen könnten, „unterlegen" zu sein. Ein Priester könne dagegen immer aufs Kreuz schauen und auf Den, der menschlich betrachtet, ebenfalls verloren hat. Es kommt aber auch vor, dass ein Priester in jeder Gemeinde Konflikte anzettelt, wo immer er auch arbeitet, ob als Vikar, oder später als Pfarrer. Dann sind Priester und Gläubige gleichermaßen unglücklich. Ein solcher Priester muss sich dann auf eine andere Weise verwirklichen. Einem solchen schlage ich vor, vielleicht Hausgeistlicher bei Nonnen zu werden, oder im Büro zu arbeiten bzw. sich mit juristischen Fragen zu befassen, wo er keine unmittelbaren Aufgaben in der Seelsorge hat.

❍ *Und wie reagieren Sie auf anonyme Vorwürfe?*

Alle anonymen Eingaben oder Briefe, die nur unleserlich unterschrieben sind, landen ausnahmslos im Papierkorb. Ich bin der Auffassung, dass nur Verräter anonyme Schreiben verfassen, das sind Feiglinge und Schmarotzer, die zu wenig Mut haben, um der Wahrheit ins Auge zu schauen. Damit befasse ich mich nicht, dafür habe ich keine Zeit. Schon in meinem ersten Hirtenbrief habe ich alle Gläubigen davon in Kenntnis gesetzt. Ähnlich verfahre ich bei anonymen Anrufen, wenn Personen auf meine Bitte, sich vorzustellen, antworten: „Was geht Sie das an."

❍ *Sowohl Priester als auch alle anderen Menschen sind heutzutage viel stärker Verlockungen ausgesetzt als früher. Das hängt mit der größeren Freizügigkeit zusammen, mit der Entwicklung der Massenmedien wie dem Internet. Beobachten Sie, dass Priester gegenwärtig häufiger in die Irre gehen als noch vor 30 Jahren, als Sie Bischof wurden?*

Häufiger nicht, nur wenn es zu einer Verirrung kommt, dann ist sie aggressiver. Neu ist, dass man seinen Fehler mit der Schuld anderer erklärt. In letzter Zeit ist es in Polen zu einigen spektakulären Fällen einer Abkehr vom Priestertum gekommen, die allgemein bekannt sind. Ich will niemanden verurteilen. Doch jeder dieser Priester tut mir leid. Ich habe darunter gelitten, dass solche Priester ihre Vorgesetzten oder die Kirche als solche für ihr Verhalten verantwortlich machten. Viele bauten sich eine große Ideologie als Begründung für ihren Verzicht auf das Priesteramt auf. Dabei war der wahre Grund für ihr Verhalten einfach die Liebe zu einer Frau. Diese Frauen tun mir auch leid. Denn wenn jemand schon einmal seinen Treuschwur gebrochen hat, dann kann man ihm kaum voll und ganz vertrauen. Und noch etwas. Probleme mit dem Eingestehen von Schuld, einer Sünde, haben heute nicht nur Priester, sondern auch Laien.

❍ *Wie entscheiden Sie in folgendem Extremfall: Da kommt ein Priester zu Ihnen und sagt, er werde Vater eines Kindes?*

Ich sage ihm, dass er die Frau nicht im Stich lassen dürfe und das Kind einen gesicherten Unterhalt haben müsse. Dafür dürfen keine Mittel aus der Gemeinde verwendet werden. In unserer Kirche kann man nicht als aktiver Priester arbeiten und gleichzeitig den Zölibat mit Füßen treten. Ein Priester, der als solcher nicht durchgehalten hat, muss die Pflichten gegenüber dem Kind und seiner Mutter übernehmen. Es ist daher aufrichtiger, das Priestertum aufzugeben und sich einer anderen Tätigkeit zuzuwenden. Ich akzeptiere die Erklärung nicht, dass jemand sich für die Ehe nicht eignet, nur weil er sich für den „Priesterberuf" nicht eignet.

❍ *Kommen derart verletzte Frauen auch ins Ordinariat?*

In Einzelfällen ja. Ich höre sie aufmerksam an, sage aber auch, dass in solchen Fällen immer beide damit zu tun haben. Dieser Frau ist Unrecht geschehen, aber sie selbst hat ja auch den Priester verletzt. Beide müssen nun konsequent sein und aufeinander zugehen. Wenn man es gut meint, kann man sowohl die eine wie auch die andere Person retten. Nach einiger Zeit kann der Priester vom Priesteramt entbunden werden, und dann gibt es für dieses Paar auch die Chance für eine kirchliche Eheschließung. Persönlich kenne ich aber nur sehr wenige ehemalige Priester, die glückliche Ehemänner geworden wären. Meistens hängen sie irgendwo zwischen Himmel und Erde.

❍ *Ist das vielleicht ein Argument für die Abschaffung des Zölibats?*

Die Abschaffung des Zölibats ist keine Patentlösung für die Bewältigung derartiger Probleme. Wir hätten dadurch nicht mehr Berufungen bzw. mehr heiligmäßige Priester. In der evangelischen Kirche in Skandinavien sind angeblich 600 Pfarreien unbesetzt, ähnlich ist es bei der orthodoxen Kirche in Griechenland, wo über tausend Geistliche fehlen. In diesen beiden Kirchen gibt es den Zölibat nicht. Das Wesen des Problems beruht darauf, dass sich der heutige moderne Mensch nicht für immer binden möchte. Er will alles auf Probe machen. Doch man kann nicht auf Probe lieben. Man kann ja auch nicht auf Probe leben oder sterben.

❍ *Herr Erzbischof, haben Sie sich als Zölibatärer nie einsam gefühlt?*

Ich weiß, dass ich alleine bin, aber das ist eher ein „Für sich sein", und keine Einsamkeit, die auf dem Gefühl von Trauer oder Leere beruht. Vor dem „Für sich sein“ braucht man sich nicht zu fürchten. Dadurch, dass ich keine Verantwortung für eine Familie tragen muss, kann ich besser für andere da sein. Immer wenn ich am Grabe eines Verstorbenen bete, habe ich Mitleid mit den verwaisten Menschen, aber ich selbst bin nicht einsam. Nach 50 Jahren meines Priesterlebens betone ich mit voller Überzeugung: Ich bin ein glücklicher Priester, weil ich in die Liebe verliebt bin.

❍ *Das Beichthören gehört zu den wichtigsten Aufgaben eines Priesters, wo ihn niemand vertreten kann. Sie hören seit 50 Jahren Beichte. Gibt es Situationen, in denen es schwer fällt, das Beichtgeheimnis zu halten?*

In solche Situationen bin ich noch nicht gekommen. Jeder Priester hält das Beichtgeheimnis strengstens ein. Das darf man unter gar keinen Umständen aufweichen. Darauf sind wir in der Vorbereitungszeit auf das Priestertum besonders sensibilisiert worden. Natürlich gib es aber schwierige Beichten, oder solche, die äußerst betroffen machen. In Lublin habe ich dem Studentenpfarrer oft bei der Beichte geholfen. An einem Freitag ging ich nach dreizehn Unterrichtstunden in den Beichtstuhl. Nicht einmal zum Brevierbeten war ich gekommen. Als erste kam eine Frau zur Beichte, die sich schrecklicher Dinge bezichtigte. Sie wollte eine Lebensbeichte ablegen, weil sie sich nicht sicher war, ob sie vorher richtig gebeichtet hatte. Schließlich sagte ich ihr, sofern sie nicht daran glaube, dass sie im Bußsakrament die Lossprechung bekomme, könne sie nicht beichten. Ohne den Glauben geht es nicht. Die Frau wollte dennoch beichten. Als Buße gab ich ihr auf, sie solle ins Kino „Kosmos“ gehen und den Film „Die Brüder Karamasow“ anschauen. Sie leistete Widerstand und meinte, sie gehe schon lange nicht mehr ins Kino. Ich erklärte ihr aber, dass der Film auf viele Probleme eingehe, über die sie gesprochen habe. Eine Viertelstunde lang habe ich auf sie eingeredet. Nach siebzehn Jahren trafen wir uns in der Bibliothek in Lublin wieder. Ich habe sie natürlich nicht erkannt, aber sie erkannte mich. Sie berichtete mir, dass sie durch den Film viele ihrer Probleme und Ängste überwunden und ihr seelisches Gleichgewicht wiedergefunden habe. „Weshalb haben Sie mir damals eine solche Buße aufgegeben" – fragte sie. Woher konnten Sie wissen?" Ich wusste nicht und weiß es bis heute nicht. Das ist ein Sakrament, durch das auch der Heilige Geist wirkt. Und jedes Sakrament hat etwas vom Geheimnis der Erlösung in sich.

❍ *Darf ein Beichtvater im Beichtstuhl Ratschläge erteilen, die über das Sakrament hinausgehen? Darf er – zum Beispiel – einer vom Ehemann verprügelten Ehefrau raten, rechtliche Schritte zu unternehmen und zur Polizei gehen?*

Er darf das nicht nur, sondern er ist dazu nach bestem Wissen und Gewissen sogar verpflichtet. Er sollte die Frau auch an eine Beratungsstelle oder eine entsprechende Telefonnummer verweisen. Wenn der Beichtvater erkennt, dass ein Mensch gesundheitliche oder psychische Probleme hat, wird er ihn nicht zum nächsten Beichtvater, sondern zum Arzt schicken. Wie ich bereits gesagt habe, muss Seelsorge ganzheitlich sein und sowohl den Leib als auch die Seele umfassen. Das Sakrament der Buße ist ein großes Geschenk der Kirche. Es gibt praktisch keine solche Situation, in der der Mensch sagen müsste: Das ist das Ende, es gibt kein zurück mehr. Gottes Barmherzigkeit ist grenzenlos. Das Maß seiner Liebe ist eine maßlose Liebe. Meinen Mitbrüdern im Priesteramt sage ich manchmal, sofern sie dafür ins Fegefeuer kämen, weil sie meinten, die Barmherzigkeit Gottes übersteige unser Vorstellungsvermögen, dann lohne es sich da hinein zu kommen. Die Liebe Gottes übersteigt ganz sicher unsere Beschränkungen und unsere juristischen Normen. Gott ist ja nicht zu uns gekommen, um uns zu verdammen, sondern um uns zu retten und zu erlösen. Aus der Schatzkammer der Kirche verteilen wir die Barmherzigkeit. Ihr Kapital ist unbegrenzt. Wir dürfen nicht geizig sein.

❍ *Jetzt möchten wir Sie noch zur Situation der Kirche in Polen befragen. Über einige Jahrzehnte besaß sie einen*

Schutzschild in der Person von Johannes Paul II. Er lebte als ihr Führer im Vatikan und musste deshalb nicht in Polen wohnen. Erlebt die Kirche in Polen nun eine Krise, seit es den Papst als Vordenker nicht mehr gibt?

Der Papst wollte nie Anführer der Kirche in Polen sein. Ihm lag daran, dass die Kirche ihren Platz in der real existierenden Wirklichkeit findet. Wenn man sich heute auf ihn beruft, so darf das nicht nur darauf beruhen, dass wir versichern, ihn zu lieben. Ihm Denkmäler zu errichten und Institute auf seinen Namen zu gründen, ist ziemlich leicht.

❍ *Ganz gewiss ist der Verkauf der berühmten päpstlichen Cremeschnittchen angestiegen, aber ist auch die Zahl derer gewachsen, die seine Bücher lesen?*

Ich fürchte, dass wir seine Lehren sehr selektiv behandeln. Selbst manche Geistliche regen sich auf, wenn man Johannes Paul II. zitiert, der gesagt hat, wir sollen andere Völker genauso lieben wie das eigene. Die Zivilisation der Liebe muss in unseren Herzen Wurzeln schlagen. Die alleinige Versicherung, dass wir an den Papst denken, ist etwas zu wenig. Wir müssen Zeugnis davon ablegen, dass wir seinen Worten treu sind, dass wir wirklich die Generation des JP II. sind.

❍ *Kommen wir noch einmal auf die Leitung der Kirche in Polen heute zurück. Viele hatten erwartet, Kardinal Dziwisz würde diese Rolle übernehmen. So ist es nicht gekommen.*

Eine Rückkehr zu den Zeiten eines unangefochtenen Kirchenführers, wie es Kardinal Wyszyński in der Zeit der Volksrepublik war, kann es nicht geben. Damals war die Einheit durch die politische Wirklichkeit bedingt. Heute ist das nicht mehr nötig. Wir müssen uns daran gewöhnen, dass es jetzt mehr demokratische Strukturen in der Kirche gibt und dass die Kirche mit vielen Stimmen spricht.

❍ *In vielen Situationen verursacht das bei den Menschen Verwirrung. Nehmen wir nur die Frage nach Radio Maryja. Jeder Bischof hat eine andere Meinung dazu.*

Im Rahmen der katholischen Kirche in Polen ist Radio Maryja nur ein Sender. Er ist allerdings unüberhörbar. Dabei handelt es sich nicht um einen Sender der polnischen Kirche. Der Sender beansprucht das Recht, der Rundfunk der Bischofskonferenz zu sein, aber er war dies nie und wird es auch nicht sein. Deswegen trifft die Bischofskonferenz diesbezüglich auch keine endgültige Entscheidung. Der Sender gehört den Redemptoristen. Deswegen dürfen die Bischöfe diesen Sender, so wie jeden anderen, auch unterschiedlich beurteilen.

❍ *Und wie beurteilen Sie selbst Radio Maryja?*

Ich schätze den Sender, weil er kranken und leidenden Menschen einen Sinn gibt. In diesem Bereich hat der Sender, der rund um die Uhr sendet, große Verdienste. Dagegen meine ich, dieser Sender sollte nicht versuchen, die Politik zu beeinflussen und sich in sie einzumischen. Natürlich kommt der Kirche das Recht zu, Politiker und Politik unter ethischem Gesichtspunkt zu beurteilen, nicht aber selbst Politik zu betreiben oder auf rein politische Entscheidungen Einfluss zu nehmen.

❍ *Ist es nicht so, dass eine Mischung von Gebet und Nationalismus, verbunden mit Xenophobie und Antisemitismus großen Schaden anrichten kann?*

Selbstverständlich. Mich ärgert es, wenn man in diesem Sender politische Gegner angreift, die keine Möglichkeit haben, sich zu verteidigen. Das hat mit Religion nichts mehr zu tun, das ist nur noch eine Pseudoreligion. Doch hoffe ich, dass sich kranke Zuhörer, die inständig einen Sinn für ihr Leben und Leiden und helle Momente für ihre eigene Existenz suchen, sich von den politischen Ausflügen von Radio Maryja nicht beeinflussen lassen. So etwas erleichtert diesen Menschen ihr Schicksal nicht.

❍ *Was haben Sie gedacht, als der Ministerpräsident vom Altar aus als Redner bei einer Wallfahrt von Radio Maryja auftrat?*

Ich bin entschieden gegen solche Dinge. Es gab eine Zeit, da die Kirche sich in gewissem Sinne mit Politik beschäftigen musste, um die Würde der Bürger zu retten, die das kommunistische System unterdrückt hat. Heute muss sie dies Gott sei Dank nicht mehr tun. Vom Altar aus sollte man daher nur das Evangelium verkünden. Hier ist kein Platz für Politiker, unabhängig von welcher Partei.

❍ *In Europa beobachten wir eine Abkehr vom Christentum. Die Kirchen werden immer leerer, und große gesellschaftliche Gruppen kommen im privaten und öffentlichen Leben ohne Gott aus. Hat die Kirche eine Antwort darauf?*

Die Kirche verfolgt diese Entwicklung gelassen, wenngleich mit Schmerz. Wenn wir in einem größeren Kontext darauf schauen, und nicht nur auf unsere eigene Geschichte, dann stellen wir fest, dass es mit der Frömmigkeit der Menschen im Laufe der Zeit schon viel schlimmer ausgesehen hat als heute. Es genügt, an die Aufklärung zu erinnern. Andererseits dürfen wir die Augen nicht davor verschließen, dass der heute um sich greifende Egoismus es jungen Leuten besonders schwer macht, sich beständig zu binden. Sie wollen sich weder an Gott, noch an einen Menschen fest binden. Deswegen haben wir so viele Ehekrisen. Ich bin jedoch davon überzeugt, dass wir als Menschheit aus diesem Tief herauskommen müssen, um wieder Gott zu finden. Sonst dauert es nicht mehr lange, und wir stehen vor der Wahl: Sein oder nicht sein. Falls wir nicht rechtzeitig zur Vernunft kommen, laufen wir Gefahr, uns selbst auszulöschen, und zwar nicht nur aus moralischen, sondern auch aus klimatischen und ökologischen Gründen. Ich glaube jedoch fest daran, dass Gott eine Zerstörung seiner Schöpfung nicht zulassen wird. Wir müssen ihm vertrauen.

❍ *Glauben Sie daran, dass sich jetzt wie nach der Aufklärung, als die tief religiöse Romantik aufkam, ebenfalls so etwas wie eine Wiederherstellung des Religiösen ereignen kann?*

Die Auffassung ist verbreitet, dass das 21. Jahrhundert entweder ein Zeitalter der Religion sein wird, oder dass die Religion ganz verschwindet. Mit dieser Auffassung korrespondiert die Meinung des berühmten Theologen Karl Rahner, dass der Christ des 21. Jahrhunderts ein Mystiker sein werde, oder es werde ihn überhaupt nicht mehr geben.

❍ *Nur dass die Mystik nicht die Rückkehr zum Christentum bedeuten muss. Der Bedarf an Spiritualität kann ja genauso gut durch solche Bewegungen wie New Age oder ähnliches verwirklicht werden.*

Das ist keine Mystik mehr. Echte Mystik hängt mit einer umfassenden Gotteserfahrung zusammen, das heißt in den verschiedensten menschlichen Situationen: in der Liebe, im Leiden, in den Bemühungen um Frieden. Alleine, ohne Gott, werden wir uns selbst nicht helfen können. Schon der Schriftsteller und Dichter Reinhold Schneider, der in der Nazizeit verfolgt wurde, hat geschrieben, dass uns in vielen Situationen nur noch das Gebet retten könne. Derselbe Schriftsteller sagte, als er nach dem Kriege in der Frankfurter Paulskirche den Friedenspreis entgegennahm, wenn wir das Christentum und unsere Kultur für die Welt retten wollten, müssten wir etwas lernen, was es zuvor noch nie in der Geschichte gegeben hatte. Wir müssen lernen, das Töten zu töten.

❍ *Zum Teil wird das schon verwirklicht. Noch nie in der Geschichte Europas gab es eine derart starke Ablehnung der Todesstrafe. Und noch nie war die Welt – entgegen dem Eindruck, den die Medien verbreiten – derart friedlich wie heute. Dennoch ist die Gebetskrise offenkundig, sogar bei denen, die sich zur Kirche bekennen.*

Das Gebet ist der höchste Ausdruck des Dialogs mit Gott. Daher müssen wir beunruhigt sein, dass die heutigen Menschen immer seltener beten. Es ist ein Ergebnis der Säkularisierung, der radikalen Rationalisierung des menschlichen Lebens. Früher gab es immer gewisse geheimnisvolle, mystische Erfahrungen, sowohl im Eheleben als auch in der Familie. Jetzt ist es überall mit dem Geheimnis vorbei. Dort, wo alles transparent und einleuchtend sein muss, gibt es auch keinen Platz mehr für das Gebet.

❍ *Die moderne Welt weist der Kirche bei allem viel Schuld zu. Es fehlt nicht an Stimmen, die behaupten, die Welt hätte nicht so viele AIDS-Kranke, wenn die Kirche nicht so hartnäckig gegen empfängnisverhütende Mittel wäre.*

Ich bin der Auffassung, dass man bei Urteilen im Bereich der Sexualethik möglichst viel Raum für Entscheidungen des menschlichen Gewissens lassen sollte. Ich bin dagegen, dass man den Menschen zu direkt ins Ehebett schaut. Ich fühle mich dabei unwürdig. Nicht jedes einzelne Eheproblem lässt sich mit Hilfe der Dogmatik entscheiden. Dies sind Dinge, die sich viel leichter im Beichtstuhl als mit Hilfe eines Lehrbuches lösen lassen. Die Kirche allerdings für die Verbreitung von AIDS in Afrika verantwortlich zu machen, ist Unsinn. Wie viele Katholiken haben wir überhaupt in Afrika? Die Nichtkatholiken sind doch überhaupt nicht verpflichtet, auf die Kirche oder den Papst zu hören. Und es lässt sich nicht belegen, dass hauptsächlich Menschen römisch-katholischen Glaubens an AIDS erkranken, weil sie keine Verhütungsmittel nehmen. Das ist völlig unlogisch.

❍ *Müsste die Kirche aber nicht doch auf Herausforderungen der Gegenwart etwas mutiger reagieren, zum Beispiel im Bereich der Entwicklung der Technik, dem veränderten Moralverhalten der Menschen oder der Bedeutung der Freiheit?*

Die Kirche darf keiner Mode nachlaufen. Wer heute die Mode heiratet, kann morgen schon Witwer sein, weil sich die Mode zwangsläufig verändern muss. Die Kirche hat keinen Grund, jeder Vereinfachung hinterherzulaufen. Das betrifft z.B. auch die Liturgie. Es ist eine Täuschung, wenn wir meinen, statt traditioneller Kirchenlieder fromme Schlager einführen zu sollen oder an Stelle einer traditionellen Gebärde im Gottesdienst jetzt tanzen zu müssen. Der liturgische Tanz in Afrika ist etwas ganz Natürliches. In unserer Kultur hat dagegen der Tanz viel mit Erotik zu tun. Wir sollten das nicht mit der Liturgie vermischen. In westlichen Ländern – vor allem in Holland – hat man nach dem Konzil viele traditionelle Elemente aus der Kirche hinausgeworfen. Die Erfahrung zeigt, dass man etwas Weggeworfenes nie mehr wieder findet. Bei uns ging das alles etwas langsamer vor sich, und das war gut so, weil wir uns auf die liturgischen Veränderungen in der Kirche gründlich vorbereiten konnten. Die Tradition ist wichtig, man muss sie allerdings dynamisch begreifen. Sie hat nichts mit dem Hüten von Asche, mit der Bewahrung von etwas Verbranntem zu tun. Es handelt sich eher um das Vordringen zur echten Feuerstelle.

❍ *Im Westen gilt es als modern, wenn der Priester keine Priesterkleidung trägt. Ist ein Priester in Krawatte anstößig?*

Er ist nicht anstößig, nur ist es unpraktisch. Denn einen solchen Priester erkennt man nicht auf der Straße. Das Erkennen eines Priesters ist aber wichtig, oft ist es aus pastoralen Gründen unerlässlich. Ich fuhr einmal per Bahn und hatte den Priesterkragen um, also war zu sehen, dass ich Priester bin. Als ich umsteigen musste und auf dem Bahnsteig schnell lief, um den Zug nach Oppeln noch zu bekommen, rief plötzlich jemand hinter mir her: Herr Pfarrer! Ich drehte mich um. Eine Frau lief hinter mir her. Sie wollte von mir wissen, wann der Zug zu ihrem Reiseziel abfährt. Mit einer Handbewegung zeigte ich ihr die Tafel mit dem Fahrplan und wollte weiterlaufen. Da gestand sie mir, dass sie schon drei Rosenkränze gebetet habe in der Hoffnung, einem Priester oder einer Nonne zu begegnen, denn sie konnte nicht lesen. Vor einem Priester

Gespräche im Togo.

schämte sie sich nicht, dies zuzugeben. Mein Zug war natürlich weg. Im Gespräch erfuhr ich, dass diese Frau erst kürzlich aus dem Kaukasus nach Polen gekommen war. Ich brachte sie zu ihrem Zug und fuhr sogar noch ein Stückchen mit ihr mit, um ihr zu zeigen, wo sie umsteigen musste. Wenn ich als Geistlicher nicht kenntlich gewesen wäre, hätte die Frau weiter auf dem Bahnsteig gesessen und Rosenkränze gebetet, statt zu fahren. Ein Priester muss kenntlich sein. Natürlich kann es passieren, dass jemand vor ihm ausspuckt, aber das muss man mutig ertragen können.

❍ *Zieht die Kirche schon die richtigen Konsequenzen aus Vorwürfen, die das Moralverhalten von Priestern betreffen? Denken wir nur an die massenhaften Beschuldigungen gegenüber Priestern wegen Pädophilie in den USA.*

Dort werden solche Dinge nicht selten übertrieben, um Entschädigungen zu erwirken. In den USA wissen die Juristen sehr gut, dass sich viel Geld damit verdienen lässt. Darunter leiden viele unschuldige Menschen. Die Anwälte wollen die Kirche nicht vernichten, aber sie wollen verdienen. Vor solch einem „Amerikanismus“ fürchte ich mich, wenn z.B. zwei Priester, die sich treffen und den Friedengruß miteinander austauschen, deswegen gleich der Homosexualität bezichtigt werden können. Und ein Priester, der ein Kind streichelt, ist dann sofort ein Pädophiler.

❍ *Trotzdem war das Problem der Pädophilie z.B. in der Diözese Boston nicht nur eine Erfindung der Juristen. Dort haben sich Priester tatsächlich an Kindern vergriffen, und manch ein Vorgesetzter hat das vertuscht.*

Die amerikanische Kirche hat eine Zeit lang versucht, diesem Problem mit einer Versetzung solcher Priester beizukommen. Wenn wir es aber mit einer abartigen Veranlagung zu tun haben, dann hilft das nichts. Die Gesamtkirche hat daraus bereits Lehren gezogen. Auch bei uns in Polen kann so etwas vorkommen. Die Priester sind ja auch keinem anderen Material gemacht wie jeder andere Mensch. Wenn heute auch nur irgendein begründeter Verdacht besteht, muss man den Priester suspendieren, sogar ohne genaue Prüfung des Falls. Sofern sich ein Priester davon nicht entlasten kann, muss er abberufen werden. Selbst, wenn es keine eindeutigen Vorwürfe gegen ihn gibt, die Verdachtsmomente aber erheblich sind, muss ein solcher Priester aus der offenen Seelsorge verschwinden. Eventuell kann man ihn in einer strikt geschlossenen Seelsorge einsetzen, wo die Tätigkeit oft größte Selbstüberwindung verlangt.

Träume und Leidenschaften

„Wo ein Begeisterter steht, ist der Gipfel der Welt"
Joseph von Eichendorf

❍ *Herr Erzbischof, als Sie von Lublin nach Oppeln übersiedelten, haben Sie so viele Bücher mitgebracht, dass die Dekke Ihrer Kapelle im Ordinariat unter dem Gewicht beinahe durchgebrochen wäre. Wie viel Bücher sind das?*

Es sind in der Tat viele, etwa 20.000 Stück. Bei der Auswahl meiner Lektüre habe ich viel meinen Gymnasial- und Hochschullehrern zu verdanken. Als es nach 1945 bei mir mit der polnischen Sprache noch nicht zum Besten stand, hat mir meine großartige Klassenlehrerin, Halina Gąszczyńska, sehr geholfen. Als sie aufgehört hatte, im Neißer Carolinum zu arbeiten, lebte sie in Oppeln und ist 93 Jahre alt geworden. Zu ihrem 90. Geburtstag habe ich sie zu mir eingeladen; wir haben den ganzen Tag miteinander verbracht, und ließen ihr und mein Leben Revue passieren. Sie war ein wunderbarer Mensch, tief religiös, wenngleich sie dies in den damaligen Jahren nicht offen zeigen konnte. Sie hatte mir geholfen, in die Lateinklasse hineinzukommen. Mit Rücksicht auf meine beschränkten polnischen Sprachkenntnisse, schrieb ich immer kurze Aufsätze, um möglichst wenig Fehler zu machen. Zudem ahmte ich im Polnischen das Lateinische nach und setzte das Prädikat in der Regel ans Ende des Satzes. Sie hat mich immer geduldig verbessert. Ein ganzer Meter Sienkiewicz, den ich in den ersten Sommerferien verschlang, stammte aus ihrer Privatbibliothek. Dank

Frau Gąszczyńska habe ich nicht nur mein Polnisch verbessert, sondern auch meine Liebe zur Literatur entdeckt. Ich stellte fest, dass die Literatur nicht nur die Philosophie erweitern und vertiefen kann, sondern manchmal sogar die Theologie. Dies wurde mir immer deutlicher, je mehr ich in verschiedenen Sprachen zu lesen begann. Als wir die Zeit der Romantik behandelten, las ich nicht nur Mickiewicz, Słowacki, Norwid und Krasiński, sondern nahm auch Goethe in deutscher Sprache zur Hand und griff ebenfalls nach Byron, wobei ich mir etwas mit der deutschen Übersetzung half. Je besser ich die polnische Sprache beherrschte und andere europäische Sprachen kannte, umso mehr vertiefte ich mich in die Weltliteratur. Ich bemühte mich, möglichst viele Werke von Nobelpreisträgern kennen zu lernen. Nach Jahren erhielt ich mit Hilfe meiner Freunde aus Bad Wörishofen, wo der Begründer der Wasserheilkunst Sebastian Kneipp gewirkt hatte, eine Gesamtausgabe aller Werke der Nobelpreisträger mit Kommentaren in deutscher Sprache, die in Zürich erschienen war. Diese Lektüre hat mir geholfen, vieles zu verstehen, wenngleich ich manchen Entscheidungen des Nobelpreiskomitees kritisch gegenüberstehe.

❍ *Welchen Schriftsteller lesen Sie am liebsten?*

Am liebsten Norwid. Er hat mir unendlich viel gegeben. Meine Begeisterung für Norwid ist eine philosophische. Johannes Paul II., der immer wieder Norwid zitierte, hat mich darin bestärkt. Seine Ansprachen und Predigten waren mit Norwid „gespickt" und erhielten dadurch nicht nur Tiefe, sondern konnten auch leichter von Ungläubigen akzeptiert werden, denen es vermutlich schwer fällt, direkt einen biblischen Text anzunehmen. Aber Norwid gibt ihnen zu denken. Beim Abendessen mit dem Papst ertappten wir uns beide öfter dabei, dass wir mit Hilfe von Norwidzitaten miteinander redeten. Ich besitze in meiner Bibliothek alle Werke von Norwid. Und ich benutze sie häufig. Jetzt wird eine neue, kritische Ausgabe seiner Werke erscheinen, und der Leiter der Norwidgesellschaft, Professor Sawicki, der seit meiner Lubliner Zeit zu meinen Freunden zählt, hat versprochen, mir die einzelnen Bände nach und nach zuzusenden. Ich habe ihm gesagt, dass er angesichts dieser Sachlage noch mindestens zwanzig Jahre leben müsse, weil die ganze Serie auf ca. zwanzig Bände angelegt ist.

❍ *Und welchen Stellenwert hat der schlesische Dichter Joseph von Eichendorff in Ihrer Literatursammlung?*

Er ist für mich äußerst wichtig. Meine erste, nähere Bekanntschaft mit Eichendorff machte ich noch mit Hilfe einer DDR-Ausgabe. Diese war aber leider stark zensiert. Mit der Zeit habe ich aber die Lücken ausgefüllt. Ich nehme auch gerne andere schlesische Dichter zur Hand, vor allem Andreas Gryphius. Auch die Werke von Gustav Freytag, der aus der Nähe von Kreuzburg (Kluczbork), kommt, kenne ich gut. Er ist in Polen wegen einiger unfreundlicher Dinge, die er über die Polen geschrieben hat, unpopulär. Mir ist es gelungen, seinerzeit sogar den deutschen Botschafter für ihn zu interessieren. Von den schlesischen Schriftstellern schätze ich außerdem Gerhard Hauptmann und August Scholtis sehr.

❍ *Mit einem gewissen Erstaunen haben wir zur Kenntnis genommen, dass Sie auch Gombrowicz lesen.*

Ja, denn ich will auch die moderne Klassik kennen lernen. Aber ich muss ehrlich sagen, sein Stil und seine Art, die Welt zu sehen, waren für mich schwierig. Ich schätze Gombrowicz, aber ich kann nicht sagen, dass er zu meinen Lieblingsautoren gehört. Trotzdem hat mir die Idee, ihn aus der Liste der Pflichtlektüre in der Schule zu streichen, überhaupt nicht gefallen. Das ist ein Schriftsteller, den man kennen muss, unabhängig von der Thematik, die er behandelt.

❍ *Herr Erzbischof, Sie sind mit Tadeusz Różewicz befreundet. Er soll einen schwierigen Charakter haben und gilt als religionslos. Wie kam es zu dieser Annäherung?*

Tadeusz Ró ewicz ist wohl ein Agnostiker, das stimmt, aber er ist weder Atheist noch ein primitiver Leugner. Er ist vielmehr ein großer Humanist. Daher haben wir eine gemeinsame Basis gefunden. Ich hatte Gelegenheit, einige Male die Einführung zu seinen Vorträgen zu halten, als er bei uns in Oppeln war. Wir sind einander auch öfter in Groß Stein begegnet und er war auch bei mir zu Hause. Ich schätze seine offene und breit angelegte Sichtweise der Dinge, die gläubigen und ungläubigen Menschen viel geben kann. In seinen Texten lässt er auch für Gott die Türe offen und knallt sie nicht einfach zu. Ich habe schon oft von der Kanzel seinen Gedanken zitiert: „Wer von uns hätte das gedacht: Wir waren bis vor kurzem noch davon überzeugt, dass man ohne Gott weder leben, noch denken oder in die Zukunft blicken kann. Und nun stellen wir fest, dass der Mensch der Gegenwart ohne Liebe geboren wird, ohne Glaube lebt und ohne Hoffnung stirbt." Das gibt doch zu denken.

❍ *Haben Sie manchmal über Fragen des Glaubens miteinander diskutiert?*

Das haben wir, weil er mit sich diskutieren lässt und wenn man nicht versucht, ihn gewaltsam auf die eigene Seite zu ziehen. Ich habe Herrn Różewicz ganz direkt gesagt, dass ich nicht die Absicht habe, ihn zu bekehren, denn von einem bekehrten Różewicz hätten wir vermutlich viel weniger Nutzen. Aber ich habe ihm auch gesagt, dass ich es nicht zulasse, ihn einen Atheisten zu nennen, denn dafür hat er viel zu viel Lebensweisheit. Der Atheismus ist der schwierigste Glaube. Man muss ja nicht nur daran glauben, dass es Gott nicht gibt, denn das lässt sich nicht beweisen. Man muss darüber hinaus auch noch der Welt gegenüber ohne das erste Glied in der Kette, ohne die Quelle, auftreten. Man kann nicht einmal nach diesem ersten Glied, nach dem Warum des Lebens in der Welt, fragen.

❍ *Was, außer der Literatur, begeistert Sie sonst noch?*

Der Erzbischof in seiner Bibliothek mit über zwanzigtausend Bänden.

Ich interessiere mich seit langem für Kunstgeschichte. Es hat sich dadurch ergeben, dass die berühmteste Kunstgeschichte, nämlich die deutsche „Propyläen Kunstgeschichte", in meiner Sammlung steht. Ich habe sie aus Anlass der Messe in Kreisau von Bundeskanzler Helmut Kohl geschenkt bekommen. Der Bundeskanzler fragte mich damals, was ich mir als Geschenk wünsche. Ich bat um ein Ultraschallgerät für eines der Oppelner Krankenhäuser. Das Ultraschallgerät haben wir bekommen, aber der Bundeskanzler wollte mir noch persönlich etwas zukommen lassen und ließ über die Botschaft nachfragen. Vielleicht hatte er gedacht, ich würde ein Auto haben wollen. Aber ich entschied mich für die monumentale Kunstgeschichte. Der Bundeskanzler bezahlte die Subskription und nun kommt bis heute ein Band nach dem anderen an meine private Adresse. Es sind schon über zwanzig Bände.

❍ *Der Bundeskanzler war dankbar, dass Sie sich an das Unternehmen Kreisau gewagt hatten.*

Ich kam zu dem Schluss, dass ich als Priester diesen Mut aufbringen und die Messe in Kreisau feiern musste. Angesichts der Dringlichkeit des Augenblicks konnte ich auch nicht mehr zurück. Das Werk der Versöhnung, das nach Christus als dem Versöhnenden verlangt, musste die Oberhand gewinnen. In Europa begann ein neues Zeitalter. Man musste versuchen, die böse Vergangenheit zwischen Deutschen und Polen zu überwinden. Diesen Mut habe ich damals mit einer diplomatischen Geste verbunden. Ich begrüßte nicht Bundeskanzler Helmut Kohl als ersten, sondern Ministerpräsident Tadeusz Mazowiecki. Der Bundeskanzler hat mich anschließend für dieses Fingerspitzengefühl gelobt.

❍ *Woher kommt bei Ihnen die Leidenschaft zu Fremdsprachen?*

Diese Leidenschaft stand bei mir immer in Verbindung mit der Literatur. Immer schon wollte ich polnische und deutsche Autoren lesen, aber ebenso französische und englische. Schon im Gymnasium habe ich mich für diese Sprachen interessiert. Relativ spät, nämlich erst im Priesterseminar, habe ich begonnen, Italienisch zu lernen. Dort hatten wir bei Frau Maria Capri Unterricht. Sie stammte aus Rumänien und beherrschte fast alle europäischen Sprachen perfekt. Im Seminar hatten wir bei ihr Englisch, Deutsch, Französisch und Italienisch. Ich lernte bei ihr Englisch und Italienisch. Sie beherrschte beide Sprachen vorzüglich, doch es fehlte ihr an pädagogischem Talent. Ihre Großzügigkeit reichte so weit, dass sie von uns nicht viel verlangte. Als ich sie etwas besser kannte, begriff ich, dass ich mich selbst zur Disziplin zwingen musste. Das hat mir geholfen. Nach meiner Seminarzeit habe ich Frau Capri öfter in Oppeln besucht. Sie wollte mir immer noch helfen. Für meine ökumenische Arbeit brauchte ich häufig die Kenntnis von Fremdsprachen. Sie hat mir viel geholfen, verschiedene Texte ins Polnische zu über-

Mit dem Nobelpreisträger Czesław Miłosz.

Mit Kazimierz Kutz, Regisseur und Politiker – zwei Schlesier an einem Tisch.

setzen oder zusammenzufassen. Sie sagte, sie brauche eine Beschäftigung, die ihr helfe, ihre Krankheiten und Leiden zu vergessen. Als sie ihre Wohnung nicht mehr verlassen konnte, war sie mir sehr dankbar, dass ich ihr regelmäßig einen Kommunionhelfer mit dem Allerheiligsten schickte. Für sie war das ein Geschenk. Sonntags hörte sie im Radio die heilige Messe, und danach konnte sie die heilige Kommunion empfangen.

❍ *Herr Erzbischof, Sie haben ein ganz ungewöhnliches Hobby, Sie definieren gerne Begriffe, fast schon mathematisch genau, selbst solche, die sich einer Definition fast schon entziehen, zum Beispiel der Begriff „Liebe" …*

Das stimmt. Die Leidenschaft zum Definieren, alles zu rationalisieren, hatte ich schon in meiner Jugendzeit. Zu definieren, was Liebe ist, ist nicht leicht, vielleicht ist das so ganz genau auch gar nicht möglich. Denn die Liebe hat viele Namen und Gesichter, aber jede Form der Liebe hat etwas Göttliches in sich. Der wahren Liebe hat das menschliche Herz nichts entgegen zu setzen. Deswegen ist nur der unglücklich, der nie geliebt hat und nie geliebt wurde. Ich selbst habe noch während meines Studiums in Lublin versucht, die Liebe für mich zu rationalisieren, sie für mich zu definieren, um sie nicht rein auf das Gefühl zu reduzieren.

❍ *Was hat Sie dazu veranlasst?*

Freunde von mir wollten heiraten und ich sollte ihre Ehe segnen. Da überlegte ich, was denn Liebe sei, um ihnen in der Predigt etwas darüber sagen zu können. Meine Definition stützte ich auf drei Faktoren: Der erste betraf das Nehmen und Geben des objektiv Guten, sie bezogen sich aber nicht nur auf das momentane Gefühl. Die Liebe darf nicht nur ein Geben sein. Manchmal ist es schwerer, etwas anzunehmen, als etwas zu geben. Dazu gehört Demut. Der zweite Faktor dieses Resultats ist das Aufopfern seiner selbst für eine geliebte Person. Am deutlichsten sehen wir das am Kreuz. Kein Opfer ist aber wirksam, wenn wir die beschenkte Person erniedrigen. Deswegen gehört noch ein dritter Faktor unbedingt dazu, es ist die Achtung vor der beschenkten Person. Diese Faktoren bilden das Ergebnis, das bedeutet, wenn einer dieser Faktoren fehlt, ist das Resultat gleich Null. Und dann haben wir es möglicherweise mit reiner Erotik und nicht mit echter Liebe zu tun.

❍ *Gibt es in Ihrem Leben irgendwelche nicht verwirklichte Leidenschaften oder Passionen?*

Unter anderem fehlt mir eines ganz gewiss, und ich bin ein wenig böse auf den lieben Gott, dass er mir kein musikalisches Talent gegeben hat. Ich denke, die Musik ist die Krönung der Kunst. Sie drückt das aus, was unaussprechlich ist, aber trotzdem gesagt werden muss.

❍ *Geht es Ihnen darum, dass Sie nicht komponieren können, denn singen können Sie ja?*

Ich singe so leidlich ... Doch ich bedauere, dass ich kein Instrument spiele. Ich hätte manchmal Lust, mich an den Flügel zu setzen und nicht nur irgendetwas nach Noten zu klimpern, denn das kann ich ja ein wenig, ich möchte mich darin vielmehr richtig ausleben können.

❍ *Wie Joseph Ratzinger ...*

Wie Ratzinger. Manchmal denke ich, dass man mit Hilfe der Musik am besten beten könnte. Wir hatten zu Hause leider kein Klavier. Es gab nur ein Akkordeon, und das haben uns die Russen weggenommen. Unsere Nachbarn hatten auch so einen „Ziehsack", in dem sie Schmuck versteckt und dann im Garten vergraben hatten. Sie baten uns, wir sollten den Russen unser Akkordeon geben, und sagten, wenn sie ihres ausgraben würden, dann bekämen wir es. Dazu ist es dann nicht mehr gekommen. Als Kind spielte ich auf dem Akkordeon wie auf einem Klavier, mein Bruder zog dann an der anderen Seite und pustete Luft hinein.

❍ *Haben Sie später nicht versucht, ein Klavier zu besitzen?*

Ich hatte einen Freund, der war Organist, er überredete mich, zu ihm zu kommen und Stunden zu nehmen. Ich machte sogar einige Fortschritte. In der Nachbarschaft gab es ein Klavier, auf dem niemand mehr spielte. Die Leute erlaubten mir, darauf zu üben. Und ich spielte leidenschaftlich. Manchmal, wenn es mir nicht gelang, nach dem zweiten oder dritten Mal ein Stück sauber zu spielen, konnte ich fünf Stunden da sitzen und das Klavier traktieren. Ich wusste nicht, dass ich den Leuten damit auf die Nerven ging. Einmal übte ich ein klassisches Lied aus dem Notenbuch, es hieß „Du liegst mir im Herzen." Mit meinem Freund, der mein Lehrer war, spielte ich das schon vierhändig. Aber ich wollte dieses Stück perfekt beherrschen. Plötzlich hörte ich den Kommentar der alten Leute: „Schon wieder spielt er das vom Liegen im Herzen. Es liegt ihm schon so lange im Herzen, dass es bald verfaulen wird." Diskret zog ich mich zurück.

❍ *Sie hätten kämpfen sollen!*

Es gab noch eine Chance. Ich wusste, dass die Russen in Broschütz das Klavier eines Bewohners komplett kaputt gemacht hatten. Es stand jetzt im Schuppen. Mein Lehrer meinte, es ließe sich reparieren. Aber der Eigentümer wollte es mir nicht überlassen. Er meinte, es könnte ihm noch zu etwas nützlich sein. Das Instrument verkam aber. Es tat mir leid, denn wenn ich es gehabt hätte, könnte ich heute bestimmt besser spielen. Dann wäre ich innerlich reicher und müsste nur noch besser werden. Denn ein wirklich musikalischer Mensch kann kein schlechter Mensch sein. Zwischen dem Schönen und dem Übernatürlichen ist dann nur noch Spinngewebe, so wie zwischen dem Heiligen und der Poesie.

Nachwort

Erzbischof Nossol hat einmal kurz und knapp eine Botschaft formuliert, die auch als Prinzip seines Wirkens gelten könnte: „Die Gnade erflehen: der stärkeren Hoffnung, die weiter sieht, der ständigen Liebe, die tiefer sieht, und des noch tieferen Glaubens, der anders sieht.“ Diese Gedanken sind dem Korintherbrief entlehnt. Mit der Hoffnung, die weiter sieht, mit der Liebe, die tiefer sieht und mit dem Glauben, der anders sieht, hat er Europa bereichert und inspiriert: Aus der Hoffnung hat er die deutsch-polnische Versöhnung vorangebracht, aus der Liebe hat er das Selbstwertgefühl Schlesiens in seiner europäischen Bestimmung erneuert und aus dem Glauben hat er die Wurzeln der Identität Europas gestärkt. Alfons Nossol ist ein Mann größter Verdienste für die Verwirklichung Europas.

Gerne möchte ich die drei Botschaften, die Alfons Nossol uns ans Herz legt, aufgreifen:

Die Hoffnung, die aus der deutsch-polnischen Versöhnung erwächst, ist eine Hoffnung für das ganze Europa. Viel Kritisches ist gesagt worden in den letzten Jahren über die deutsch-polnischen Beziehungen. Dabei ist nicht selten das Wichtigste aus dem Auge geraten: Die deutsch-polnischen Beziehungen sind aus dem Geist der Versöhnung, der allein die Zukunft unseres Kontinents ist, erneuert worden. Wir leben heute als Polen und Deutsche in einer rundum neuen Welt. Die Vereinigung Europas, dieses Wunder unserer Zeit, hat aus Polen und Deutschen Partner und Freunde gemacht. Was wir erreicht haben, wäre ohne die Hoffnung, von der Erzbischof Alfons Nossol und andere Visionäre der deutsch-polnischen Freundschaft unbeirrt getragen worden sind, nicht erreicht worden. Polen und

Deutschland sind Partner in der Europäischen Union und in der NATO. Die Grenzen sind gefallen. Die Beziehungen zwischen vielen gesellschaftlichen Gruppen sind so vielfältig wie nie zuvor. Die katholische Kirche in Polen und Deutschland war über lange Zeit Vorreiter in der Hoffnung auf Versöhnung. Das unvergessliche Hirtenwort der polnischen Bischöfe an ihre deutschen Amtsbrüder vom 18. November 1965 hat die Tür geöffnet: „Wir vergeben und wir bitten um Vergebung" lautete der Kernsatz dieses Briefes, der Geschichte gemacht hat. Heute wissen wir: Aus Vergebung erwächst Versöhnung und aus Versöhnung und Respekt vor dem Anderen in seiner Verschiedenheit irgendwann Partnerschaft.

Die Liebe, mit der Erzbischof Nossol für das erneuerte Selbstwertgefühl aller Schlesier wirkt, ist ein großartiges Beispiel für alle, die Heimatliebe und europäische Bestimmung als unzertrennlich zusammen denken. Er hat immer wieder in beeindruckenden Worten „die Harmonie von Gedanken und Herz als Spezifikum Schlesiens" beschrieben. Der Kulturraum seiner Heimat verbindet seit eh und je polnische, deutsche und böhmisch-mährische Elemente. Im Zeitalter des Nationalismus wurden diese Grundpfeiler der Identität Schlesiens gegeneinander in Stellung gebracht. Wie im Brennglas eskalierten auch in Schlesien die Spannungen, die ganz Europa in den Abgrund zogen. Heute lebt seine Kirche in Schlesien, heute leben Polen und Deutsche in Schlesien, ja heute leben alle Völker Europas in der „versöhnten Vielfalt", von der Alfons Nossol so treffend gesprochen hat. Ohne den Geist der Liebe, das Wagnis der Geduld und den Mut der rechten Wegweisung wäre all dieses nicht gelungen. Unvergesslich ist der Gottesdienst, den Alfons Nossol am 21. Juni 1983 zusammen mit dem großen Papst Johannes Paul II., seinem theologischen Lehrer, in Lublin auf dem Annaberg zelebriert hat. Hier wurde ein gewaltiger Baustein für die Erneuerung Polens gelegt. Ebenso unvergessen ist der erste deutschsprachige Gottesdienst, zu dem er am 4. Juni 1989 auf demselben Annaberg bei Oppeln einlud. Hier wurde die Saat der Liebe für die Erneuerung der versöhnten Vielfalt unter den Schlesiern aller Sprachen und Prägungen ausgestreut. Er hat den inneren Zusammenhang von Heimatliebe und europäischer Bestimmung erneuert - nicht nur in Schlesien, sondern weit darüber hinaus, für alle, die Europa als Einheit in Vielfalt erleben und leben. Wir sind Erzbischof Nossol in dankbarer Bewunderung verbunden für seine Führung auf neue Wege in Schlesien, in Polen und zwischen Deutschen und Polen.

Der Glaube, der die Wurzeln der Identität Europas stärkt, führt uns im heutigen Europa zusammen. Alfons Nossol hat uns unmissverständlich gesagt: „Will sich Europa ernsthaft als ausgesöhnte und vereinigte Werte- und Kulturgemeinschaft etablieren, so darf es seine christlichen Wurzeln nicht verleugnen.“ Erzbischof Nossol hat diese Wurzeln stets gepflegt und gegen Angriffe verteidigt. Es ist kein Europa, das Christen von Nichtchristen trennt, das Gläubige und Nichtgläubige gegeneinander in Stellung bringt. Das in seinen christlichen Wurzeln bekräftigte Europa ist ein Europa, in dem die Menschenwürde an erster Stelle steht. Alfons Nossol hat in einer bedeutenden Analyse über eine „anthropologisch integrierte Theologie“ reflektiert. Er postuliert eine Theologie für den Menschen und tritt ein, um es in der Sprache der Theologie zu sagen, für einen „konsequenten Personalismus“. In die Sprache der Politik übersetzt bedeutet dies: Er plädiert für die unbestechliche Orientierung unseres Zusammenlebens an der Würde jedes einzelnen Menschen, die nach christlichem Verständnis von Gott geschenkt wurde. Niemand hat das Recht, die Menschenwürde eines Mitmenschen zu beschädigen. In diesem Kerngedanken wurzelt auch meine Überzeugung, dass die Einigung Europas ein Werk der verwirklichten Menschenwürde ist.

Erzbischof Nossol, hat daran erinnert, dass den christlichen Kirchen „als Ort der erfahrbaren Liebe und Freiheit, als Raum der Integration inmitten einer desintegrierten Erfahrungswelt, als Sinnstifterin in einer Welt der Sinnentleerung und Absurdität, wenn nicht gar der expandierenden Banalität, im zukünftigen Europa entscheidende Bedeutung“ zukommt. Das Christentum, so hat er uns gelehrt, vermag die „unberechenbare Moderne vor ihrer Selbstzerstörung zu schützen.“ Aus dieser

Überzeugung heraus haben wir Christdemokraten uns stets und nachdrücklich für einen Gottesbezug in der Europäischen Verfassung eingesetzt. Persönlich bin ich sehr glücklich darüber, dass der strukturierte Dialog der Institutionen der Europäischen Union mit den Kirchen und Glaubensgemeinschaften in der EU unterdessen so fruchtbar und intensiv stattfindet. Wir haben ihn begonnen, noch ehe die einschlägigen Vertragsrevisionen vollzogen worden waren. Erzbischof Alfons Nossol war und ist uns dabei ein wertvoller Partner mit hoher Autorität und Glaubwürdigkeit.

Die Europäische Integration dient der Menschenwürde in einer nach Krieg und Leid als Wertegemeinschaft erneuerten Ordnung der Staaten und Völker unseres Kontinents. Das war vor sechs Jahrzehnten alles andere als selbstverständlich, als die Visionäre der europäischen Einigung das Wunder der Versöhnung begonnen haben. Heute stehen wir auf den Schultern der Gründerväter Europas. Heute sind wir in gleichberechtigter Weise Europäerinnen und Europäer, Polen und Deutsche.

Als der zweite Weltkrieg 1945 zu Ende ging, war Alfons Nossol noch keine dreizehn Jahre alt. Die Jüngsten derer, die im vergangenen Jahr erstmals an den Wahlen zum Europäischen Parlament teilnehmen konnten, wurden nach 1991 geboren. Die Jugend des heutigen Europa hat eine besondere Gnade erfahren, um an die Ausgangsworte von Alfons Nossol zurückzukommen. Sie ist hineingewachsen in ein Leben ohne Mauer, ohne totalitäre Regime und Beeinschränkungen jedweder Art von Freiheit. Die heutige Jugend Europas hat die Gnade der europäischen Friedensordnung erfahren.

Von entscheidender Bedeutung für die vor uns liegenden Jahre der europäischen Einigung ist die Solidarität. Wir benötigen mehr denn je in der Europäischen Union einen erneuerten Geist der Solidarität. Europa kommt nur voran, wenn wir gemeinsam immer wieder die so schlichte Frage vor Augen haben: Was wollen wir gemeinsam machen? Viel zu häufig wurde in den hinter uns liegenden Jahren vergessen, dass Solidarität eine „Zweibahnstraße" ist. Europas Einigung funktioniert nicht, wenn wir meinen, der Vorteil des einen sei verbunden mit dem Nachteil des anderen. Europa ist ein Geben und Nehmen. Dann und nur dann funktioniert der Geist, der uns dorthin gebracht hat, wo wir heute stehen. Dieser Geist des Gebens und Nehmens, der Solidarität – er muss uns weiter beflügeln inmitten aller Herausforderungen der Gegenwart. Diesen Herausforderungen müssen wir uns gemeinsam in Europa stellen, auch wenn wir manchmal fast gelähmt sind von ihrer Wucht. Dabei dürfen wir nie vergessen:

Europa erneuert sich immer wieder durch seine Menschen, durch unsere Ideen und Impulse. Jean Monnet, der große Wegbegleiter von Robert Schuman, hat einmal gesagt, „nichts ist möglich ohne Menschen, nichts dauerhaft ohne Institutionen". Dies gilt auch heute. Wir brauchen den guten und entschlossenen Willen der Verantwortlichen, die in starken europäischen Institutionen handeln. Wir haben bei allen Problemen des Alltags Grund zur Zuversicht, wenn wir uns nicht beirren lassen: verwurzelt in unserer Heimat und loyal unserem jeweiligen Vaterland verbunden, können wir zugleich gute, engagierte und zukunftsweisende Europäer sein. Hätte man dem damals, 1945, knapp dreizehnjährigen Alfons Nossol gesagt, er werde ein Leben ohne Krieg führen und die europäische Einigung miterleben, wäre er gewiss bestenfalls verwundert gewesen über so viel frohen Weitblick.

Die heutige Jugend darf als erste Generation in Jahrhunderten ein Leben ohne Krieg auf dem europäischen Kontinent erwarten. Dafür wird sie aber auch in der Pflicht stehen, für den Frieden in der Welt zu wirken. Wir können uns wünschen, dass die jungen Menschen ihre Chance nutzen, in die Nachfolge des Weges hineinzuwachsen, den Alfons Nossol als Brückenbauer für ein Europa der Freiheit, des Friedens und der Solidarität in christlichem Geist geebnet hat.

Hans Pöttering

Lebensdaten von Alfons Nossol

8.8.1932	Geboren in Broschütz bei Krappitz
14.8.1932	Taufe in der Pfarrkirche
1940-1948	Besuch der Grundschule in Broschütz
1952	Abitur in Neiße
1952-1957	Studium der Philosophie und Theologie am Priesterseminar in Neiße und Oppeln.
23.6.1957	Priesterweihe in der Kathedrale zu Oppeln durch Bischof Franciszek Jop
25.6.1957	Primiz in Broschütz
1957-1960	Fachstudium an der Katholischen Universität Lublin
17.4.1959	Diplom und Lizenziat mit einer Arbeit über Johannes Hessen und dessen Lehre von der Gotteserkenntnis bei Augustinus
22.1.1961	Promotion über die religiöse Gotteserkenntnis bei Johannes Hessen (Doktorvater: Professor Wincenty Granat)
Ab 1961	Dozent am Priesterseminar in Neiße
1962-1963	Präfekt am Priesterseminar in Neiße
1968-1977	Wissenschaftlicher Mitarbeiter am Lehrstuhl für Dogmatik der Katholischen Universität (KUL) Lublin
22.1.1976	Habilitation über die Christologie bei Karl Barth und ihren Einfluss auf die katholische Theologie

1977-1997	Leiter des ersten Lehrstuhls für Dogmatik an der Katholischen Universität Lublin sowie Dozent für Protestantische Theologie am dortigen Institut für Ökumene
1977	Gastvorlesungen an der Universität Mainz
1977-1997	Leiter des Lehrstuhls für Sakramententheologie an der Päpstlich-Theologischen Fakultät in Breslau
25.6.1977	Bekanntgabe der Ernennung zum Bischof von Oppeln durch Papst Paul VI.
17.8.1977	Bischofsweihe in der Kathedrale zu Oppeln durch den Primas von Polen, Kardinal Stefan Wyszynski. Wahlspruch des neuen Bischofs von Oppeln: „Die Wahrheit in Liebe tun" (Veritatem facere in caritate).
16.8.1981	Bischofsweihe von Jan Wieczorek auf dem Annaberg
17.3.1982	Ernennung zum außerordentlichen Professor.
26.2.1988	Bestätigung als außerordentlicher Professor durch das Bildungsministerium
17.1.1991	Ehrendoktor der Universität Münster
25.11.1992	Ehrendoktor der Universität Mainz
26.9.1993	Preisträger des Europäischen St. Ulrich-Preises in Dillingen
10.3.1994	Leiter des Lehrstuhls für Dogmatik an der neu gegründeten Universität Oppeln
22.10.1994	Karol-Miarek-Preis gestiftet durch den Woiwoden von Oberschlesien
18.5.1995	Ehrendoktor der Universität Oppeln
1996	„Lux ex Silesia" – Preis des Erzbischofs von Kattowitz
10.2.1996	Diamantener Lorbeer und Verleihung des Titels „Autorität"
Nov. 1997	Ernennung zum „Ehrenschlesier" 1997

11.12.1997	Ehrendoktor der Christlich-Theologischen Akademie Warschau
14.11.1998	Ehrendoktor der Universität Bamberg
12.11.1999	Ernennung zum Erzbischof „ad personam" durch Papst Johannes Paul II.
29.10.2000	Ehrendoktor der Universität Ölmütz
31.12.2000	Titel „Der Oppelner des 20. Jahrhunderts" - zuerkannt von Lesern der Zeitung „Gazeta Wyborcza"
17.3.2001	Leiter des neu gegründeten Instituts für Ökumene und Integration der Theologischen Fakultät der Universität Oppeln
23.6.2001	Verleihung des Kulturpreises Schlesiens des Landes Niedersachsen in Hannover
2002-2005	Vorsitz bei der 1. Diözesansynode Oppeln
29.6.2002	Medaille der Norwid-Stiftung
24.4.2003	Preis der Gesellschaft der Freunde Schlesiens in Warschau
14.5.2003	Bischofsweihe von Paweł Stobrawa in der Peter und Paul Kirche in Oppeln
4.7.2003	Orden des Adlers Jan Karski
20.4.2004	Ehrenpreis „Wojciech Korfanty" in Kattowitz
3.3.2006	Deutsch-Polnischer Preis für besondere Verdienste um die Entwicklung der deutsch-polnischen Beziehungen
31.10.2006	„Schlesischer Smaragd" - Preis der Evangelischen Diözese Kattowitz
Febr. 2007	Rücktritt vom Amt des Bischofs von Oppeln gegenüber Papst Benedikt XVI. wegen Erreichung der Altersgrenze
März 2007	Verlängerung des Dienstes als Bischof von Oppeln durch den Papst um weitere zwei Jahre
15.11.2007	Ehrendoktor der Päpstlichen Theologischen Fakultät der Universität Breslau

28.11.2008	„Mérite Européen“ – Diplôme de Medaille d’Or, Strasbourg
29.8.2009	Bischofsweihe des Nachfolgers, Prof. Dr. Andrzej Czaja, in der Kathedrale von Oppeln